Flâneries parisiennes

Collection dirigée par Lidia Breda

Franz Hessel

Flâneries parisiennes

précédé de

L'art de se promener

*Traduit de l'allemand, préfacé et annoté
par Maël Renouard*

Rivages Poche
Petite Bibliothèque

Retrouvez l'ensemble des parutions
des Éditions Payot & Rivages sur
www.payot-rivages.fr

ISBN : 978-2-7436-2542-9

Préface

Franz Hessel était né en 1880, à Stettin, dans ce qui était alors la Poméranie prussienne ; mais sa famille venait de Berlin, et ses parents revinrent y habiter dans son enfance. À dix-neuf ans il partit étudier le droit à Munich. Il se lia avec le cercle artistique qui se réunissait autour du poète Stefan George. Il séjourna à Paris entre 1906 et le début de la Première Guerre mondiale. Il publia des romans – *Le Bric-à-brac du bonheur* en 1913, *Romance parisienne* en 1920, *Berlin secret* en 1927 – ainsi que des poèmes, des essais et des chroniques. La fortune accumulée par son père se réduisant comme peau de chagrin dans la crise qui frappait l'Allemagne défaite, il entra au service de l'éditeur Rowohlt, pour qui il devint lecteur et traducteur. Au cours des années 1920 et 1930, il traduisit un nombre considérable d'œuvres littéraires françaises en allemand : Casanova, Balzac, Stendhal, Julien Green, Albert Cohen, Marcel Arland, Jules Romains. Avec son ami Walter Benjamin, il traduisit deux tomes d'*À la Recherche du*

7

temps perdu de Proust : *À l'ombre des jeunes filles en fleurs* et *Le Côté de Guermantes*. Il tomba sous le coup des lois raciales du régime nazi à cause de ses origines juives, mais continua à vivre et à travailler clandestinement à Berlin jusqu'en 1938. Il rentra alors à Paris, puis se rendit bientôt à Sanary-sur-Mer, qui était en train de devenir une petite capitale de fortune du monde intellectuel germanique en exil. Quand la guerre éclata, les citoyens allemands furent internés par les autorités françaises comme « sujets ennemis ». Hessel passa quelques semaines dans le Camp des Milles, non loin d'Aix-en-Provence. Libre, mais amoindri par les conditions de vie difficiles qu'il avait dû subir, il mourut peu de temps après à Sanary, où il était de retour, en janvier 1941.

Lors de son premier séjour parisien, Franz Hessel avait fait la connaissance d'Henri-Pierre Roché, dès 1906, puis d'Helen Grund en 1912. Après la Seconde Guerre mondiale, leur vie a été rendue célèbre par le roman de Roché, *Jules et Jim*, puis, plus encore, par le film que François Truffaut en a tiré. Roché est Jim, Hessel est Jules. Auparavant, Hessel s'était déjà inspiré des débuts de cette histoire pour écrire *Romance parisienne*. Helen et Franz se marièrent en 1913. Ils eurent deux enfants, Ulrich, né en 1914, et Stéphane, né en 1917, lequel prendra la nationalité française à l'âge de vingt ans, entrera à l'École normale supérieure, s'engagera dans la Résistance, deviendra

tourbillon : vertex

diplomate et connaîtra à la fin de sa vie la notoriété que l'on sait. Le « tourbillon de la vie » dont parle la chanson de Rezvani dans le film de Truffaut fit qu'Helen et Franz vécurent souvent à distance. Ils se retrouvèrent même quand ils semblèrent se perdre ; ils ne cessèrent jamais de s'estimer. Quand Franz était retourné s'installer à Berlin, Helen était restée à Paris ; elle habita rue Ernest Cresson, dans le 14e arrondissement, puis rue Malebranche, dans le 5e. Les deux jeunes garçons du couple passèrent une bonne partie de leur enfance avec elle à Paris. Franz faisait régulièrement des allers et retours pour leur rendre visite.

On retrouve des traces de ce contexte biographique dans ces flâneries parisiennes. La promenade dominicale à Senlis en automobile a été faite en compagnie d'Helen. C'est elle qui emmène Franz à un défilé de mode ; pour des périodiques, elle écrivait sur ce thème des comptes rendus et des essais que Walter Benjamin disait lire avec beaucoup de plaisir et d'intérêt. L'épisode où Hessel part à la recherche d'un retoucheur, avenue du Maine, pour rapiécer le « fond de culotte » d'un des enfants a sans doute eu lieu à l'époque de la rue Ernest Cresson, comme la « promenade avec un louveteau », ce jeune scout n'étant autre que Stéphane. cub scout

À l'exception de « L'art de se promener », qui constitue les dernières pages des *Ermunterungen zum Genuss* (*Encouragements au plaisir*, dont il existe une traduction de Jean Ruffet, publiée en 2001 aux éditions du Seuil), les textes de ce volume sont inédits en français. Ils font partie d'un ensemble que Franz Hessel, dans la seconde moitié des années 1930, a eu le projet d'éditer sous la forme d'un livre qui se serait appelé *Frauen und Städte* (*Femmes et villes*). Il regroupait des essais plus ou moins longs, inédits ou déjà publiés, qui étaient consacrés d'un côté à des femmes, dont Marlene Dietrich (texte traduit en français par Josie Mély il y a quelques années) et de l'autre à quatre grandes villes, Vienne, Munich, Berlin et Paris, ces deux dernières se taillant la part du lion. Il se trouve dans le troisième volume des œuvres complètes éditées par Hartmut Vollmer et Bernd Witte chez Igel Verlag en 1999. Bernhard Echte, dans sa notice, raconte l'histoire singulière de ce manuscrit. Le livre n'a jamais vu le jour en tant que tel ; Hessel semble avoir abandonné cette idée, préférant faire du recueil une sorte de cadeau destiné à ses deux enfants, qui leur rappellerait des souvenirs. Pourtant ils ne le recevront pas. Quand Hessel arrive à Paris à la fin des années 1930, pour son dernier exil, il a cet ensemble de textes avec lui. Mais il l'utilise finalement comme une réserve pour son propre travail. Il en tire de nouveaux articles et des passages pour un roman en cours de préparation. Il laisse derrière lui le manuscrit en partant précipitamment pour Sanary. Ces papiers tombent alors entre les mains des nazis ; ils sont envoyés en Allemagne ; à la fin de la guerre ils sont embarqués à Moscou. En 1953 ils reviennent aux archives de Potsdam, en RDA. Après la réunification, au milieu des années 1990, ils rejoignent Berlin puis le fonds Hessel au *Deutsches Literaturarchiv* de Marbach.

Toute la partie qui concerne Paris dans ce projet *Frauen und Städte* est ici traduite. C'étaient des chroniques que Franz Hessel publiait dans des journaux, tantôt en Allemagne, tantôt à Paris, en allemand, souvent dans le *Pariser Tageszeitung*, le quotidien le plus lu à l'époque par les membres de l'émigration germanique. La plupart ont été écrites autour de 1930 ; elles évoquent parfois le premier séjour parisien de Hessel comme une période déjà ancienne. Certains textes ont eu plusieurs versions, mais nous nous sommes tenus à celle que Hessel avait donnée dans le livre virtuel ; même s'il y a renoncé, il avait composé avec ces matériaux un ensemble qui avait son unité, sa fluidité, sa cohérence.

Flâneries parisiennes : le titre n'est pas de Hessel. Mais il n'est sans doute pas étranger à l'esprit de sa vie et de son écriture. Il est considéré aujourd'hui comme l'un des grands représentants de ce que les Allemands ont appelé la *Flaneurliteratur* – littéralement, la « littérature de flâneurs ». Walter Benjamin en a fait la théorie, en particulier dans ses essais sur Baudelaire. Hessel l'a pratiquée, en écrivain plus qu'en philosophe,

11

et Benjamin reconnaissait que c'était son ami qui lui avait inspiré le désir de s'emparer de ce thème de la flânerie dans la grande ville moderne. Ils ont eu mille échanges à ce sujet ; mais il est intéressant de voir comment, malgré leur amitié, malgré leur communauté de préoccupation, malgré les réminiscences et les allusions qui passent entre leurs œuvres, leurs styles restent très différents. Hessel n'a pas la fulgurante ellipse métaphysique de Benjamin ; il est un styliste subtil, qui a le goût de la précision et le sens du vif. Benjamin est du côté du rêve ; Hessel est plutôt du côté de la rêverie.

Dans son introduction aux *Promenades dans Berlin* (traduites par Jean-Michel Beloeil, récemment rééditées, en 2012, par les éditions de L'Herne), Jean-Michel Palmier rapportait des souvenirs de Stéphane Hessel : « Benjamin frappait par sa profondeur extrême. Nous considérions, étant enfants, mon père comme sage et compréhensible. Avec Benjamin nous étions toujours sûrs que, quand il commençait une phrase, nous n'en comprendrions qu'une faible partie. » Il citait également des propos de Benjamin – retrouvés par Karin Grund-Ferroud – disant à Helen : « Hessel est un magicien. Un dangereux magicien. Il faudrait couper court à ses menées. Il a le pouvoir de transformer. Mais il nous réserve, par ses manigances raffinées, un sort bien pire que celui de ces fils de roi qui, au contact de la baguette magique, devenaient pierres ou monstres hideux. Nous renaissons dans sa présence, nous atteignons notre véritable moi, un moi dont la découverte nous comble de joie et nous procure un plaisir et un intérêt égal à celui qu'il trouve en nous. Et soudain, on s'aperçoit qu'on est complètement sous son charme. » Il y a une grande tendresse dans l'ironie de Benjamin, qui admirait en Hessel la profonde bonté dont témoignent tous ceux qui l'ont approché et qui transparaît d'une manière rayonnante dans le portrait de Jules par Henri-Pierre Roché.

Les textes que l'on présente ici donnent une bonne idée de ces pouvoirs « magiques » de Hessel appliqués à son art littéraire. À l'extrême finesse de l'observateur, s'ajoute la grâce du conteur. Il décèle à chaque coin de rue des amorces de récit, des portes entrouvertes sur le merveilleux. Les vies obscures sont rehaussées par cette puissance poétique de la grande ville qui est aussi leur œuvre. Et les étrangers y sont chez eux, car le secret et l'énigme constituent justement leur élément. On n'en finirait pas d'énumérer tout ce qui fait le charme de ces flâneries parisiennes. Il tient à leur aspect d'instantanés pris sur le vif ; à leur poésie de la modernité ; à leur esprit européen, cosmopolite, qui est également celui du Paris de cette époque ; à leur attention aux petits faits incongrus ou drôles ; à leur mélange de rêverie et d'érudition ; au regard à la fois familier et étranger qu'ils portent sur la ville ; et singu-lièrement pour nous, lecteurs d'aujourd'hui, aux différences et aux ressemblances qu'ils nous invi-tent à reconnaître entre le passé et le présent.

Maël Renouard

Les expressions ou mots en italiques suivis d'un astérisque sont en français dans le texte.

Toutes les notes sont du traducteur.

L'art de se promener

divest

Cette très ancienne manière de se déplacer sur ses jambes devrait être un plaisir singulièrement pur, dépourvu de toute finalité, à notre époque où il existe tant de moyens de transport ayant une fonction précise. Pour aller quelque part, vous utilisez les volcans à essence – automobiles personnelles ou transports publics – et d'autres véhicules encore. Pour votre santé, vous pouvez pratiquer ce qu'on appelle le *jogging*, cet exercice fort enthousiasmant où l'on est si occupé à faire des mouvements corrects et à maîtriser son souffle qu'il est impossible de regarder nonchalamment à droite et à gauche. Se promener n'est ni utile, ni hygiénique, c'est, comme la poésie selon Goethe, un fol orgueil[1]. C'est « aller », mais, plus que dans n'importe quelle autre manière d'« aller », c'est aussi « se laisser aller » : on tombe d'un pied sur l'autre en contrebalançant cette chute à chaque fois. Il y a dans notre démarche un chancellement d'enfant et cet état de suspension bienheureuse que l'on appelle équilibre.

Je me permets de recommander la promenade en toute confiance, dans ces « temps difficiles ». Ce n'est pas du tout un plaisir typiquement capitaliste-bourgeois. C'est le trésor des pauvres et presque leur privilège.

Pour répondre à l'objection – au premier abord légitime – des gens affairés qui disent « Nous n'avons pas le temps de nous promener ! », je ferai à celui qui veut apprendre cet art, ou du moins ne pas l'oublier, la proposition suivante : à l'occasion, descendez de l'autobus – ou de votre voiture – une station avant d'arriver à destination, et marchez pendant quelques minutes. Combien de fois n'êtes-vous pas arrivés en avance, obligés alors de tuer le temps et de calmer votre impatience en lisant des journaux dans des bureaux ou des antichambres ? De ces minutes, faites des vacances quotidiennes et profitez-en pour flâner un bout de chemin. Il y a en chacun de nous un oisif secret qui veut quelquefois être mobile sans être mobilisé[2] par toutes sortes de choses contrariantes. Pour lui, la rue est un rêve éveillé, les vitrines sont des paysages, les noms des firmes – surtout les noms doubles avec au milieu ce « & » capable d'associer ce qu'il y a de plus dissemblable – sont des figures mythologiques, des personnages de conte, et les inscriptions à l'entrée des maisons, de curieux résumés, réconfortants ou cruels, de la vie. Aucun journal de papier n'est aussi captivant que le journal lumineux dont les lettres errantes glissent le long des toits, au-dessus des panneaux publicitaires. On ne peut jamais revenir en arrière pour les relire, comme dans un livre. Leur disparition est un symbole frappant de cette fugacité par laquelle un authentique jouisseur se laisse volontiers imprégner – car c'est ainsi qu'il garde présent à l'esprit le caractère à la fois essentiel et fugitif de ses activités inutiles.

Je ne vous envoie pas, mes chers contemporains qui êtes candidats à la promenade, dans des régions lointaines ni devant des curiosités. Visitez votre propre ville, parcourez votre quartier, vaquez dans le jardin de pierre où vous mènent vos métiers, vos devoirs, vos habitudes. Revivez l'histoire d'un certain nombre de rues. Voyez comment la vie les irrigue ou bien leur suce le sang, comment elle les rend – soit tour à tour, soit progressivement – silencieuses ou animées, élégantes ou pauvres, denses ou émiettées, et comment de vieux jardins se conservent telles des îles ou dépérissent étouffés entre les murs. Sentez à quel moment les rues s'enfièvrent ou s'endorment, à quel endroit le trafic se fait chaotique, oppressant, et à quel endroit la bousculade des gens donne lieu au contraire à une animation plaisante. Apprenez à connaître les seuils, de plus en plus calmes, parce qu'ils sont de moins en moins souvent foulés par des pas étrangers ; ils se sont habitués, comme de vieilles concierges somnolentes, aux pas familiers qui les franchissent chaque jour. À côté de toutes les choses qui sont à demeure, à côté de toutes celles qui disparaissent lentement, un autre spectacle s'offre à votre médiation ambulante : la masse des constructions provisoires, échafaudages, palissades de chantiers, cabanes de bois, qui deviennent, au service de la réclame, des taches de couleurs, des voix de la ville, des êtres qui vous appellent, qui vous font des signes, qui se précipitent sur vous, tandis que les vieilles maisons vous tournent le dos. Et dans les trous laissés entre les planches, regardez les champs de bataille de pierre, les amoncellements inertes de matériaux dans lesquels puisent les grues métalliques et les leviers d'acier.

Retracez *en passant*** la biographie des boutiques et des restaurants. Apprenez — cela peut rendre superstitieux — les lois fatales auxquelles sont soumis les lieux qui n'ont pas de chance, même s'ils ont l'air bien tenus — ces boutiques qui changent sans cesse de propriétaire et de nature. Dès que le déclin menace, elles se lancent fiévreusement dans une surenchère de promotions agressives, de prix cassés qu'on annonce en gros caractères. Que de destinées, de succès et de défaillances l'on devine sur les étals de marchandises et les menus des restaurants, sans devoir franchir la porte ni voir les patrons et les employés ! Oui, ce qui est posé ou accroché là, ce qui se lit vous en dit souvent plus long que les paroles et les gestes des hommes. Et j'en arrive à une chose importante dans l'expérience du flâneur : il n'a pas besoin d'entrer, il n'a pas besoin de converser. Lui suffisent les vitrines et le spectacle des entrées et des sorties. Il lit la vie sur les inscriptions. Et quand il lève les yeux, quand il se détourne des choses, tout d'un coup ce sont les visages des passants inconnus qui lui apprennent beaucoup.

Le charme incomparable de la promenade est qu'elle vous délivre d'une vie privée plus ou moins malheureuse. Vous entrez en relation, vous communiquez avec des situations et des destins absolument étrangers. Le promeneur authentique s'en rend compte à l'étonnante frayeur qu'il ressent lorsque, dans la ville rêvée de sa flânerie, il tombe à l'improviste sur quelqu'un qu'il connaît et se sent brutalement redevenir un simple individu identifiable.

La promenade dont je parle est rarement une circonstance mondaine, comme le fait d'aller marcher a pu l'être autrefois (et maintenant encore dans les villes où il y a une sorte de *corso*) lorsqu'il donnait lieu à un charmant jeu social, une situation se prêtant au théâtre ou au genre de la nouvelle. Ce n'est pas facile de se promener avec quelqu'un. Très peu de gens maîtrisent cet art. Les enfants, ces créatures si exemplaires en tant d'autres circonstances, introduisent des règles du jeu secrètes ; ils sont tellement occupés à éviter de toucher les bordures des trottoirs et les fissures sablonneuses qu'ils sont incapables de lever les yeux ; ou bien ils se servent des choses qui se succèdent pour d'étranges calculs superstitieux ; ils lambinent ou ils se hâtent, ils ne se promènent pas. Des gens qui sont observateurs par profession, comme les peintres et les écrivains, sont souvent des compagnons très dérangeants, soit qu'ils découpent et encadrent ce qu'ils voient, soit qu'ils l'interprètent dans tous les sens, au lieu de laisser défiler les images sans en attendre quoi que ce soit. Si vous êtes un authentique promeneur, vous êtes le plus souvent seul ; et vous vous gardez bien de devenir l'un de ces ténébreux personnages de roman qui arpentent les rues d'un pas sonore et mélancolique et retrouvent leur propre vie dans les coulisses des maisons, pour donner à l'auteur l'occasion d'exposer son récit.

Le vrai promeneur est comme un lecteur qui ne lit un livre que pour le plaisir, pour passer le temps — une espèce d'homme qui se fait rare, à notre époque où la plupart des lecteurs, trompés par une ambition fausse, se croient tenus de livrer leur jugement, comme les spectateurs de théâtre. (Ah ! Tous ces jugements ! Même les critiques d'art devraient moins juger et plutôt conjurer ce dont ils traitent, comme les magiciens conjurent les maladies.)

La rue est donc une sorte de lecture. Lisez-la. Ne la jugez pas. Ne dites pas trop vite : elle est belle, elle est laide. On ne peut pas se fier à ces notions. Laissez-vous séduire, laissez-vous duper par la lumière, par les heures, par le rythme de vos pas.

Devenez une foule. Introduisez-vous dans des cortèges. Prenez part à des attroupements[3]. Si quelque part un magasin ferme, si un théâtre se vide, restez là un instant comme si vous attendiez quelqu'un. Jouer à avoir des intentions ne vous détournera pas de la belle gratuité de votre activité.

Quand on marche longtemps, on ressent un nouvel élan après les premières fatigues. Alors le pavé devient maternel, il vous porte et vous berce comme le lit voyageur des contes. C'est dans cet état de soi-disant épuisement que vous voyez toutes choses. Et que toutes choses tournent leur regard vers vous. De plus en plus la rue se familiarise avec vous. Elle laisse ses époques anciennes scintiller à travers la strate du présent. Même dans notre ville de Berlin vous pouvez faire cette expérience, dans des zones qui ne sont pas les quartiers historiques officiels. Je n'ai pas besoin de vous envoyer au Krögel ou à Altkölln.

Encore un conseil : il est recommandé de ne pas marcher sans le moindre but. Cela vous étonne, après ce que j'ai dit plus tôt ? Mais il y a dans le « au petit bonheur » un dilettantisme qui n'est pas de bon aloi. Prévoyez d'arriver quelque part. Peut-être serez-vous agréablement détourné de votre chemin. Un détour suppose toujours un chemin.

Si vous voulez regarder quelque chose en cours de route, ne vous précipitez pas trop avidement dessus. Sinon cette chose se dérobera. Laissez-lui le temps de vous regarder. Se regarder « les yeux dans les yeux », cela existe aussi avec ce qu'on appelle les choses. Il vaut mieux, au contraire, observer les hommes sans qu'ils s'en aperçoivent. C'est alors qu'ils offrent leur vie sans le vouloir, tandis qu'ils la protègent, la gardent par-devers eux dans le croisement tendu des regards.

Je n'ai parlé que de la promenade dans les villes. Je n'ai rien dit de ces remarquables univers de transition, d'entre-deux : les faubourgs, les environs, les banlieues avec leurs espaces laissés vacants, leurs alignements de maisons qui s'interrompent soudain, leurs remises, leurs campements, leurs voies ferrées, et les fêtes des cabanes dans les jardins ouvriers. Cependant on touche ici à la limite qui nous sépare de la campagne et du voyage. Et le voyage est un tout autre chapitre de l'école du plaisir. L'école du plaisir ? Oui, et c'est une école où nous devrions tous retourner. Une école difficile, avec une discipline sévère, mais aimable. Non, finalement elle n'existe pas ; et si l'on s'avisait de la fonder, c'est un terrifiant « sérieux de la vie » que l'on obtiendrait.

Flâneries parisiennes

Paris

Paris est la patrie des étrangers. Ici, le seul fait d'être un promeneur confère une petite citoyenneté. Ici, la rue est un salon, un spectacle permanent. Il est souvent difficile de quitter ce spectacle pour entrer quelque part. Il y a heureusement, dans chaque partie de la ville, ces terrasses de café qui se comptent par milliers, pour les pauvres, pour les riches, toutes hospitalières. Là, on peut continuer de regarder le spectacle de la rue. On n'a pas besoin de participer, voir suffit au bonheur.

Paris est la ville où rien ne cesse, où le passé continue de prendre part à la vie. Paris est toujours présence et souvenir simultanément. Rien n'est isolé. Nulle part il n'y a de vide. Beaucoup de sites chargés d'histoire sont devenus des aires de jeux pour enfants. Mais on n'oublie pas tout ce qui a eu lieu là même où chancelle un bébé, où roule une bille.

Paris est la ville des avenues les plus vastes et des ruelles les plus étroites. Paris est métropole et village perdu, jardin et taudis. À Paris la saleté est couleur, la misère et l'horreur sont belles, d'une beauté indéfinissable. Les peintres disent que cela tient à l'atmosphère, à l'éclairage, mais cela me paraît un point de vue trop esthétique.

Ici, même les pauvres gens sont des jouisseurs avisés. Auprès des pêcheurs à la ligne qui pêchent rarement quelque chose, des joueurs de croquet du Luxembourg ou des ouvriers gueuletonnant dans les faubourgs, j'ai appris la plus raffinée des joies de vivre.

Des palais, des églises, des musées, de toutes les choses à voir, qui sont ici plus nombreuses que nulle part ailleurs, je ne veux dire que ceci : ils ne sont pas aussi sévères avec vous, étranger, que dans d'autres villes ; non, ils sont aimables comme une foire ou un cabaret.

La plus belle rue de Paris : son fleuve, la Seine.

Un jardin chargé d'histoire

Il y a dans Paris deux aires de jeux pour enfants qui ont été à des époques anciennes le théâtre de la grande histoire et de la grande vie. L'une se trouve sur la place royale qui s'appelle place des Vosges depuis la Révolution, l'autre dans les jardins du Palais-Royal. Il est agréable d'y flâner, de s'asseoir sur un banc, et de songer à tout ce qui a pu se passer dans les quelques mètres — et les quelques instants — où l'on voit un bébé s'essayer à marcher, une bille glisser sur le sol, un ballon voler. On peut visiter en ce moment, dans le pavillon de Marsan du Louvre, une petite exposition, « La vie du Palais-Royal », qui tient sur quatre salles et donne une riche matière à ces haltes méditatives. Ceux qui aiment Paris peuvent reconstituer trois siècles d'histoire de la ville à partir des portraits, des gravures de mode, des caricatures qui sont accrochées aux murs, et des documents, des livres, des billets de théâtre et autres petits objets que l'on a placés dans les vitrines. On aperçoit d'abord Richelieu, son architecte Lemercier et un plan avec les vieilles bâtisses et les terrains que le cardinal a achetés pour faire construire son palais. Ce plan est traversé en son milieu par un morceau de l'enceinte médiévale, exactement au niveau de l'actuel jardin d'enfants qu'il couperait en diagonale. C'est là que Jeanne d'Arc lança son assaut sur Paris et fut blessée. Puis l'on voit s'élever le sévère palais dont l'aspect extérieur correspond à la distinction lugubre de son possesseur ; à l'intérieur, les galeries, les escaliers, les salles n'en ont que plus de faste. Ici Richelieu reçoit, dans une pièce chargée d'ornements, les savants qui vont constituer à son initiative l'Académie française ; là, dans une grande salle de théâtre entourée de loges, installé à bonne distance des autres spectateurs, il assiste à la première représentation d'une pièce. C'est *Mirame*, drame d'amour et de politique dont le cardinal est lui-même l'auteur, bien qu'il ait laissé l'un de ses protégés achever et signer l'ouvrage ; il voulait rivaliser avec le *Cid* du jeune Corneille. Et maintenant, dans une sorte d'atrium où pénètrent lentement les cavaliers du roi qui viennent s'informer de son état, Richelieu malade est assis à une table ; il rédige le testament par lequel il lègue à son roi son palais, sa chapelle d'or, son grand buffet d'argent ciselé et un gros diamant. Il regarde en direction de son jardin ; il voit des parterres de fleurs là où il y a maintenant du sable et du gazon, il voit dans les allées des mousquetaires qui se saluent en agitant de très amples chapeaux. Le monarque mourut cinq mois après son tout-puissant ministre. Sa veuve, Anne d'Autriche, s'installa dans le château – qui s'appelait désormais Palais-Royal – avec ses fils, Louis, le roi de cinq ans, et Philippe, âgé de trois ans, qu'on appelait *Monsieur*. Mansart agrandit le bâtiment. Quelle est – sur une gravure – cette forteresse miniature avec ses bastions et ses redoutes ? C'est le Fort Royal avec lequel le petit roi jouait à faire la guerre et à tenir un siège. Il devait être non loin du banc où nous sommes assis ; peut-être là où se trouve aujourd'hui le Victor Hugo de Rodin, qui a l'air un peu déplacé et semble indifférent à ce qui l'entoure. Et voici maintenant le souverain garçonnet en personne, dans un accoutrement pompeux ; sa dignité précoce nous enseigne que les rois ne sont jamais enfants, affirment quelques vers sous le portrait, mais son allure mignonne les fait mentir. La première apothéose de Louis – la fameuse scène où la reine-mère désarme la foule des Frondeurs en tirant les rideaux du lit pour lui montrer le bel enfant-roi endormi – nous ne la revivons, comme beaucoup d'autres choses, que par un tableau d'histoire du dix-neuvième siècle. En revanche, nous disposons de nombreux documents d'époque à partir du moment où les Orléans, les descendants de Monsieur, à qui Louis XIV avait donné le Palais-Royal en apanage, transforment le château et le jardin et laissent le grand monde, puis peu à peu le demi-monde et un monde qui n'a plus rien de grand se presser dans les allées. Le dernier de cette lignée avant la Révolution – celui qui ajoutera alors à son nom le mot « Égalité », manière habile de pactiser mais dont le succès sera de courte durée – entreprit pour financer sa vie dispendieuse d'entourer le jardin de galeries qu'il louerait à des boutiques et des cafés. Si bien que le peuple appela ces procuraties[4] de Paris le *Palais marchand**, et que Louis XVI put dire : « Mon cousin, maintenant que vous voilà boutiquier, ne vous verra-t-on plus que le dimanche ? » Alors la mode colonise les lieux, avec ses draperies, ses brocarts, ses tissus-fantaisie, ses nœuds, ses fleurs et ses plumes. On vient admirer les eaux-fortes et les gravures en couleurs, particulièrement celles qui arrivent d'Angleterre. On accourt dans les restaurants et les cafés, non seulement au rez-de-chaussée ou au premier étage, mais jusque dans les caves, comme à la Taverne Anglaise ou à la Grotte Flamande. Dans le cabinet de figures de cire de l'Allemand Curtius[5], on voit des favorites du sultan et des contemporains célèbres. On se rend dans les boutiques qui présentent les premiers automates ; au Théâtre de Séraphin avec ses ombres chinoises ; devant le stand de foire où l'on montre Madame La Pierre, la jeune géante prussienne qui mesure six pieds et douze pouces.

Dans l'image suivante, il est midi, l'heure des « abonnés au canon ». Ils se rapprochent du célèbre petit canon pourvu d'une lentille à travers laquelle le soleil, quand il passe au méridien, déclenche la mise à feu par ses rayons brûlants. À ce signal ils règlent leur montre.

Dans la deuxième salle, l'atmosphère est plus troublée, plus criarde. 1789 ! Le jardin devient un forum de la Révolution, les cafés se transforment en clubs. Camille Desmoulins bondit sur une table devant le café de Foy et, dans un discours enflammé, exhorte le peuple à prendre d'assaut la Bastille. Les canonniers ont abandonné leurs postes et dansent avec les vendeuses de marché. On fouette le postérieur déculotté d'un abbé qui a diffamé le Tiers État. Au café des Patriotes, dit une affiche, on s'honore du titre de « citoyen », on se tutoie, et l'on fume. Curtius va chercher dans son cabinet deux bustes que l'on veut exhiber lors d'une procession solennelle : celui de Necker, le ministre ami du peuple qui a été congédié, et celui du duc qui en l'honneur de la révolution se fait appeler – ainsi que son palais – « Égalité ». Une poupée de paille porte une tiare et tous les signes de la dignité papale ; on la brûle. Sur un ravissant petit carton, une maison de mode vante ses *redingotes à la républicaine**, ses *robes rondes à la Carmagnole** et ses *jupes à la Grecque**. On s'attendrait à voir par ici une image de Madame Tallien, qui fut la première à se promener dans ce jardin avec les cheveux courts, aux grandes heures de la guillotine. On appelait ça la coiffure *à la victime**. Un instant, l'activité des « nymphes » semble menacée sous le régime du rigoriste Robespierre ; on veut assainir le Jardin Égalité en les chassant. Mais on envoie le général Henriot qui se contente de leur demander si elles sont de bonnes républicaines, si elles ne cachent aucun aristocrate ou ennemi. Elles rétorquent : *« Fi ! Fi ! Notre général, nous ne recevons que des sans-culottes*. »* Et reprennent de plus belle, mais d'une manière un peu plus brutale, moins pastorale. Pendant que l'une cajole un client, ses consoeurs (et sur plusieurs images un homme dissimulé) lui dérobent sa bourse, sa tabatière et sa montre. Derrière les grilles des galeries, des mains vous font des signes racoleurs et vous attirent sous les arcades. Des reines d'un genre particulier trônent, assurant l'interrègne, derrière de petits bureaux surélevés, ornés de fleurs : ce sont les tenancières des cafés et des restaurants. Plusieurs journaux montrent la *Belle limonadière** du café des Mille Colonnes, entourée de ses admirateurs, et la grosse Madame Véry, solitaire et inapprochable, dans le célèbre lieu qui porte son nom.

Temps de l'Empire : les sabres des soldats de Napoléon cliquettent sur le pavé des allées. Dans la foule, les baudriers s'entremêlent aux habits grecs et romains, où il suffit de défaire un noeud pour satisfaire les vainqueurs impatients. Des livres, des récits de voyage ont aiguisé l'imagination : toute l'Europe rêve des plaisirs du « temple de la volupté ». En 1814, quand les alliés entrent dans Paris en vainqueurs, c'est là que se précipitent les cosaques et les pandours, les Écossais de Wellington, les grenadiers de Blücher et les uhlans autrichiens. Les excellents mets de chez Lemblin et Véfour ne réussissent pas aux Anglais, à en croire une plaisante caricature ; un *Mylord* est presque autant attiré par les gâteaux ronds appelés *meringues** que par la poitrine pareillement rebondie de la pâtissière ; un svelte cosaque, avide et timide, fait face aux sirènes de la colonnade, encouragé par ses camarades. Le départ des guerriers est représenté sans fard : un pharmacien serviable leur tend des pilules et des instruments pour soigner les séquelles de leurs réjouissances. Une série de livres, de brochures et de gravures évoquent les maisons de jeu, en particulier le fameux n° 113 où Blücher avait un quartier général officieux et perdit au jeu des millions. C'est dans ces tripots que, dix ou vingt ans plus tard, le Raphaël de Valentin de Balzac va dilapider le peu d'argent qui lui reste, tandis que Rastignac gagne en quelques minutes une petite fortune. Les baraquements animés que l'on voit maintenant sont aussi une illustration de Balzac. Ce sont les « galeries de bois » qui se dressaient à un emplacement où le chantier des Orléans n'avait pas été terminé. Dans les *Illusions perdues*, elles sont décrites en détail, dans leur délabrement, leur crasse et leur clinquant, avec leurs courtiers, leurs bouquinistes, leurs modistes et leurs filles de joie.

Retour des Bourbons : le palais est à nouveau royal et redevient propriété des Orléans. On nous donne à voir quelques scènes de bonheur bourgeois pour Louis-Philippe et sa brave famille ; mais pas le bal napolitain où, peu de temps avant la révolution de Juillet, il invita le roi, et à propos duquel quelqu'un eut ce mot : « C'est véritablement un bal napolitain : nous dansons sur un volcan[6]. » Sont bien présents, en revanche, les violents combats de rue devant le Palais ; l'opportune arrivée de Louis-Philippe devant sa maison, à l'avant-dernière des « trois glorieuses journées » ; son apparition, le 30 juillet, à son balcon, où il embrasse le général Lafayette sous un grand drapeau tricolore. Il entonne alors la Marseillaise, puis, sous les acclamations du peuple qui lui ouvre la voie au milieu des barricades, le long des rues mêmes où son père, Égalité, avait été conduit à l'échafaud, il se rend à l'Hôtel de Ville dont il ressort roi des Français[7]. Plus tard, une visite du couple royal portugais au prince Napoléon en 1867 témoigne des derniers feux de la vie de cour avec ses robes à crinoline. Mais alors la grande époque du palais et du jardin est déjà bien loin. Les joailleries et les maisons de mode migrent vers la rue de la Paix ; puis les restaurants et les cafés gagnent les boulevards et leurs rues adjacentes.

Les maisons de jeu sont fermées depuis longtemps, les dames galantes disparaissent. Les chambres festives sont devenues de sobres bureaux administratifs ou des sièges d'entreprises. Il y a dans les galeries de petites boutiques où l'on vend des bijoux à bon marché, des timbres, des livres et du papier, comme dans les passages qui ne sont plus à la mode. Le jardin de la Révolution et de la volupté est à présent une promenade pour les femmes au foyer de la petite bourgeoisie, les bonnes, les nourrices, et cette aire de jeux pour enfants où le passé ressuscite devant nous, sur l'herbe et sur le sable.

Dans les vieilles ruelles de Paris

Le ghetto

Venus d'Alsace, de Pologne, de Russie, des juifs se sont installés dans quelques ruelles du quartier de l'Hôtel de ville et ont formé une sorte de ghetto qui rompt avec la physionomie habituelle de Paris. Des caractères hébraïques annoncent des représentations théâtrales et des réunions ; on en voit aussi dans les librairies et les papeteries, sur les journaux et les brochures. À côté de livres allemands, on trouve un *Manuel de conversation française en judéo-allemand**, et un autre qui apprend *Comment devenir français**. Au-dessus l'on a suspendu des partitions imprimées à White-chapel ; l'image d'un postier anglais devant une boîte aux lettres illustre la chanson *A Brievele de Mame*[8]. Sur un autre cahier, il est écrit : « Le rabbin nous a dit : réjouissez-vous ! ». Nous lisons au menu des restaurants : *Kreplech, Farvel, Haladez*

et – à moitié en français – *Chalettes aux pommes**.
L'étiquette des bouteilles de vin de Sion porte
l'étoile de David comme signe distinctif. Il y a,
dans la pâtisserie, des gâteaux fourrés de graines
de pavot noires et des brioches *challah* en forme
de tresse. De la pénombre rougeoyante d'une boucherie, émergent de pâles jeunes filles aux cheveux
noirs, avec des yeux ardents. Leur regard s'apaise
en se posant sur des ballots d'étoffe, des tissus de
toutes les couleurs et de petites mules jaunes, dans
une étroite boutique établie le long d'un corridor
qui donne l'impression d'être un fragment de
bazar oriental. Des caftans et des visages barbus
avec des papillotes apparaissent à la sortie d'un
estaminet. Quatre femmes, l'une très maigre, ont
une conversation en yiddish, très animée, sur le
banc de pierre au pied de la grande fontaine où
débouche l'une des ruelles ; devant elles, de petits
garçons jouent ; leur bagarre n'est pas très sauvage ; d'un coup ils se mettent à courir très vite,
mais bientôt ils s'arrêtent, sont tout calmes ; l'un
semble se souvenir qu'il est un peu trop âgé maintenant pour cette allégresse. Deux d'entre eux sont
arrivés devant un magnifique portail, comme on
en voit beaucoup dans ce quartier qui a été autrefois le séjour de princes, de comtes, d'évêques et
de fermiers généraux. Les garçons entrent par le
battant ouvert de la haute porte en bois. Au-
dessus l'on peut lire : *Pharmacie centrale**. Mais une
inscription gravée dans le mur donne un autre

nom à cette bâtisse : Hôtel d'Aumont. Mansart l'a construit pour un duc. Dans la cour, on pourrait se croire loin de la ville, alors qu'on est en son cœur. La fière demeure seigneuriale est donc devenue une pharmacie. Un enfant s'engouffre seul dans une ruelle adjacente, étroit passage entre deux murs sombres ; il s'arrête près du chasse-roue, sous l'arche ronde d'un portail, qui donne maintenant sur une fabrique de bonbons. Hugues Aubriot, celui qui fit construire la Bastille, habitait là au Moyen Âge[9]. Dans les épais murs du rez-de-chaussée, il y a peut-être encore des blocs de pierre de cette époque. On ne peut s'empêcher d'être attentifs à la présence de tout un monde ancien, à l'arrière-plan du quartier juif actuel. Sur des maisons modestes, nous découvrons des balcons en fer forgé ; et derrière des portes entrouvertes, de larges escaliers de bois qui, sous les hauteurs du premier étage, s'élancent en se courbant avec enthousiasme, avant de se transformer piteusement, plus haut, en raidillons rabougris. Nous nous prenons d'attachement pour les vestiges épars d'ornements rocaille qui, surplombant la niche d'une fontaine creusée dans le mur, ont l'air d'être restés collés à la paroi comme des coquillages.

Dans la rue du Figuier, déserte, une petite tour ronde apparaît soudain en surplomb d'un haut mur qui n'a guère d'ornement par ailleurs. Quelques pas encore, le temps de tourner au coin de la rue, et l'on arrive devant la façade. Au-dessus de la grande voûte du portail, à droite et à gauche, on voit à nouveau deux petites tours, et entre elles des bouts de gargouilles. Une inscription nous apprend que nous sommes devant la maison qui fut construite par Tristan de Salazar, archevêque de Sens et évêque de Paris, et habitée par lui-même puis ses successeurs pendant un siècle[10]. Rien n'est dit d'une autre habitante notable, arrivée plus tard dans cette demeure qui est aujourd'hui une fabrique et un entrepôt.

Elle n'a vécu ici que peu de temps et elle n'était plus très jeune alors, la belle reine Marguerite, la dernière princesse des Valois, mais elle aimait encore la vie et l'amour. Elle était déjà séparée du roi Henri IV. Leur mariage, décidé pour des motifs politiques, n'avait jamais été heureux. Ils étaient tous les deux, chacun de leur côté, fort occupés d'affaires amoureuses ; mais, l'un avec l'autre, ils n'arrivaient pas à grand-chose. Henri avait des habitudes et des besoins plus grossiers que Marguerite, dont les amis et les admirateurs, Brantôme en premier lieu, le biographe des dames illustres et des dames galantes, n'avaient de cesse de louer le charme, l'esprit et l'élégance. En contrepartie, ses ennemis du camp huguenot disaient d'elle tout le mal possible. Après tant d'années passées dans l'éclat de la cour, puis en exil, après tant d'intrigues, ourdies par elle, ourdies contre elle, après tant d'ardeur engagée dans les haines comme dans les amourettes, Margot restait inépuisable ; et elle s'était installée là non pas pour se reposer dans la solitude, mais pour commencer une nouvelle vie en société. Le roi fut plus gentil avec elle après la séparation que lorsqu'elle avait été sa femme. Il l'enjoignit amicalement de ne plus faire de ses nuits ses journées et de restreindre ses largesses. Le ministre Sully paya ses dettes. De bonnes relations se nouèrent même avec la nouvelle reine, Marie ; Margot, qui n'avait pas d'enfant, se plaisait à jouer avec le dauphin. Elle avait une petite cour où l'on perpétuait l'étiquette et la grâce des Valois. Elle était entourée de musiciens, de poètes, de prélats et de dignitaires. Ses pages avaient les cheveux bond filasse à la mode du temps. Margot était naturellement brune. C'est ainsi que Brantôme la trouvait la plus belle ; elle, se préférait avec une perruque blonde. Ses jolis écuyers lui donnaient leurs cheveux pour qu'elle renouvelle de temps à autre ses perruques. Ils lui donnaient plus encore. Il y en avait un en particulier qui avait sa faveur, un hobereau de Provence, Date de Saint-Julien.

Les détracteurs de Margot prétendent que c'était le fils d'un charpentier, un laquais qu'elle avait anobli avec six aunes d'étoffe. Ce jeune homme de vingt ans avait un rival, de deux ans son cadet, qui répondait au nom de Valmont[11], et qui en voulait à sa vie. Le 5 avril 1606, Margot revint de la messe aux Célestins, accompagné de son mignon ; elle descendait de voiture, ici, sur cette place, au moment où Valmont, fou de jalousie, fit feu sur son cher Saint-Julien. Il chercha à s'enfuir ; on s'empara de lui, on le garrotta. Margot était entrée dans la maison avec le mourant ; elle s'était portée à une fenêtre, peut-être celle que l'on voit là, dans la petite tour. Le meurtrier risquait de filer dans la ruelle tortueuse. Alors, pleine de colère, elle avait crié à ses gens (selon les chroniqueurs huguenots) : « Tirez, tuez-le ! Et si vous n'avez pas d'armes, prenez mes jarretières et étranglez-le ! » On lit le récit de cette scène dans une lettre qu'elle adressa au roi le jour même et dans laquelle – après avoir évoqué en détail diverses questions de politique, car Henri lui demandait volontiers des avis et des conseils – elle le conjurait de faire que justice soit aussitôt rendue. Elle refusa de manger et de boire tant que la sentence ne serait pas prononcée. Dès le lendemain, on dressa devant l'Hôtel de Sens un échafaud. Margot vit de sa fenêtre comment l'on trancha la tête de l'assassin, à qui elle n'avait pas accordé le moindre pardon et qu'elle avait salué d'un rire à son arrivée. Ensuite elle s'évanouit. Le soir même elle quitta cette maison et n'y remit jamais les pieds. Un poète de son entourage dut écrire une élégie sur son affliction ; elle la conserva sur sa poitrine, cette poitrine dont Brantôme dit que les parures et les ornements osaient à peine la recouvrir, de sorte qu'elle avait été le plus souvent offerte aux yeux[12].

Margot eut ensuite une somptueuse demeure près de la Seine, là où se trouve maintenant l'École des Beaux-Arts, et une cour encore plus grande, où l'on parla très vite un langage soigné, gracieux, un peu à la manière de ce que l'on vit plus tard à l'Hôtel de Rambouillet ; elle écrivit des stances qu'elle accompagnait au luth ; elle composa des chants religieux pour ses protégés, les Augustins déchaussés. Elle était douce et aimante. Quand on donnait une grande fête pour le roi, il fallait que Margot vienne tout organiser, l'entrée en scène et le placement des invités, à la table, à la danse, au tournoi ; car nul ne connaissait mieux qu'elle les mœurs de l'ancienne cour. Elle devint grasse en prenant de l'âge et portait autour de ses hanches un large *vertugadin** (mot d'origine espagnole qui désigne un bourrelet artificiel à la taille, dans les robes des dames). Ce *vertugadin** avait plusieurs poches. Certains chroniqueurs soutiennent qu'elle gardait là, dans de petites boîtes, le cœur de ses meilleurs amants. Si cela est exact, celui de Date de Saint-Julien devait certainement s'y trouver –

ce jeune homme blond qui avait ici même, devant ces tours et ces murs, perdu la vie pour Marguerite de Valois.

Mouffetard

Dans les quartiers où vivent les petites gens, le dimanche matin est jour de marché. Le son des cloches se mêle à la grande rumeur du commerce ; il l'orchestre, la reconduit en douceur dans le giron de l'église. C'est dans la longue rue Mouffetard que se trouve le moins cher et le plus varié de ces marchés. Toujours aussi étroite et irrégulière qu'aux temps jadis, elle serpente le long de la Montagne Sainte-Geneviève, dans le Quartier Latin, vers les faubourgs du sud. Des deux côtés, les étalages des boutiques ajoutent à l'engorgement des gens et des carrioles. Les rez-de-chaussée des maisons disparaissent derrière des empilements d'étoffes et des monceaux de légumes. Ici et là, une porte laisse entrevoir la grisaille miséreuse d'une cour ; un calme passage s'ouvre, une ruelle s'échappe sur le côté. Soudain, surplombant d'un côté des coffres, des sommiers, des vêtements pour enfants, de l'autre des chutes de tissus, de la soie et des choux-fleurs, surgissent des colonnes fendillées qui encadrent une entrée. Elles datent du temps où les demeures des aristocrates et les cloîtres somptueux voisinaient ici, dans un contraste saisissant, avec les logis labyrinthiques des pauvres gens. Ce portail est un vestige de l'hospice des Dames de la Miséricorde de Jésus. Ce fut le refuge de beaucoup de grandes dames ; et d'une dame en particulier, qui ne fut tout à fait grande que plus tard. Elle était la nièce d'Agrippa d'Aubigné ; elle avait épousé Scarron, le poète paralytique, maladif, auteur d'œuvres burlesques, et s'était retirée dans ces lieux à sa mort ; elle fut ensuite gouvernante des enfants que Louis XIV avait eus avec Madame de Montespan ; elle devint la maîtresse du roi, puis son épouse secrète, et prit une part importante au gouvernement de la France : c'était Madame de Maintenon. À présent, entre ces colonnes, au-dessus de la porte, il y a une enseigne en laiton, éraflée, bleu-blanc-rouge, qui indique la blanchisserie du *Vieux Chêne**. Pourquoi ce nom ? Et d'où vient, juste à côté, sur le même mur, le petit chêne grossièrement sculpté en bas-relief ? Un demi-siècle plus tôt, il y avait là un bal qui s'appelait ainsi – un des nombreux bals populaires du quartier des Gobelins, qui tous ont disparu ou bien migré ailleurs.

Quand aucune trace, aucune ruine ne demeurent, c'est souvent un nom qui rappelle le passé. Il en va ainsi du « marché des Patriarches » où conduit une ruelle voisine. Là était installé Bertrand de Chanac, cardinal de France et patriarche de Jérusalem. Après être allé à ses descendants, l'hôtel, avec ses dépendances, passa aux religieux de Sainte-Geneviève. Plus tard, le *Manoir du Patriarche** eut encore plusieurs propriétaires. Un riche teinturier y vécut au temps des frères Gobelin, puis un maître des comptes dont la famille se convertit au calvinisme et transforma en lieu de culte une partie du bâtiment. La voix d'un prêcheur fut un jour recouverte par les cloches de Saint-Médard. Les protestants furent si indignés qu'ils se ruèrent, pleins de rage, sur l'église et la dévastèrent. De tout cela il n'est resté qu'un mot.

Les maisons de la rue Mouffetard ont été autrefois joliment baptisées. On peut encore lire ces témoignages d'une époque où les maisons n'avaient pas de numéros, mais des noms ; une représentation imagée en était donnée par les enseignes, qu'elles soient en bois ou en fer-blanc, saillantes ou encastrées dans une niche, peintes sur le mur ou bien suspendues au-dessus de la porte, tintant alors dans le vent entre deux lanternes aux flammes vacillantes. Il y avait La Petite-Arbalète, Les Quatre-Fils-Aymon, Le Poing-d'Or-et-la-Main-d'Argent, Les Trois-Saulcières, Les Trois-Pucelles, Les Trois-Déesses et Les Trois-Torches, Le Porc-Épic, La Pomme-de-Pin, La Pantoufle, Le Paradis-Terrestre, Le Chat-qui-Dort, La Mère-Dieu, Le Plat-d'Étain, L'Arbre-de-Vie, Le Carolus[13]. Il subsiste quelque chose de cette joyeuse profusion d'enseignes. Au-dessus de l'épicerie « À la Bonne Source », un bas-relief représente deux hommes

45

tirant de l'eau d'un puits[14]. Des endives badigeon-
nées de bleu pendent de chaque côté, à droite et à
gauche. Une boucherie a deux bœufs et trois
agneaux. Devant le cordonnier il y a une botte,
devant le serrurier une clef, et devant le coutelier
un « petit rémouleur » très réaliste, avec ses lames
et sa meule.

Nous songeons en descendant à une petite histoire universelle – « des enseignes à la réclame ».
Une automobile klaxonne bruyamment. Le carrosse d'acier descend la rue et veut se frayer un
chemin à travers la masse humaine. Bousculés,
nous nous retrouvons dans un passage. La verdure
fait ici une enveloppe chaleureuse autour de la
pauvreté. Les tonnelles avec leurs pots de fleurs et
leurs cages à oiseaux créent des vérandas estivales
devant les ateliers, les cuisines et les chambres à
coucher du rez-de-chaussée. Sous le regard silen-
cieux des habitants, nous nous sentons comme des
intrus ; nous retournons dans le vacarme et la
cohue. Un bazar improvisé s'est établi dans le vide
laissé entre deux murs par une démolition. Des
manteaux de fourrure recouvrent des uniformes
pour enfants. Des pipes-fleurs côtoient des savons.
On sent une odeur de parfum. De nouveau, nous
nous laissons porter par la foule ; défilent le mur
peint en vert, jaune et rouge du marchand de couleurs, puis des escargots, des tourteaux. Les dernières ramifications du marché s'étendent jusqu'à
la place située devant l'église Saint-Médard.

Quelques vieilles marchandes vendent des chaussures usagées et des légumes flétris de fond de cageot.

À côté de l'église il y a un square. Les vieillards assis sur les bancs et les enfants qui jouent devant eux dans le sable ignorent que le sol sous leurs pieds a été jadis un cimetière où se trouvait une sépulture de mauvaise réputation. Le diacre François de Pâris fut enterré là en 1731 et sa dernière demeure fut le théâtre de miracles troublants. Ses adeptes – une secte janséniste – avaient des extases sur sa tombe. On ne toléra pas longtemps le manège de ces convulsionnaires. Le cimetière fut fermé ; sur la porte, une inscription proclama :

> *De par le roy défense à Dieu*
> *De faire miracle en ce lieu.**

Dimanche à Senlis

Jadis, pour les automobilistes, sortir de Paris voulait d'abord dire s'arrêter quelque temps aux portes de la ville ; c'était pourtant bien après la disparition des fortifications. Ils devaient demander un ticket vert en disant combien de litres d'essence ils avaient dans leur réservoir ; souvent il fallait patienter dans une file. Il y avait encore une ambiance de frontière, de trafic et d'aventure. Aujourd'hui l'on passe sans contretemps de la rue de Flandre à la route des Flandres[15].

Une foire perdure dans les faubourgs. À notre gauche se dressent les hangars de l'aéroport du Bourget ; à droite il y a des stands de vente et de jeu. Dans le ciel on entend le vacarme d'un aéroplane. Au sol, un manège pour enfants tourne et fait retentir sa cloche. On y voit les véhicules d'une époque ancienne : une bicyclette succède à une locomotive verte ; derrière une charrette de laitier, un gosse des rues soulève de la tête la capote de son automobile ; deux lapins blancs bondissants viennent ensuite, puis une petite fille dans un carrosse, qui garde la main sur le frein pour éviter un accident de la circulation. Cette banlieue est par ailleurs une zone triste ; seule l'arrivée de Lindbergh lui a donné un peu d'éclat.

Nous longeons maintenant les murs d'anciens parcs dont beaucoup sont en train d'être divisés en terrains à bâtir. Nous ne cessons de lire ce mot désolant : *lotissement**. Dans la vallée en contrebas, le chemin de fer qui va vers le nord en passant par Chantilly enveloppe les chantiers dans une épaisse fumée. Les petites bourgades que l'on traverse tendent aux arrivants leur carte de visite dès la première maison : leur nom en lettres blanches, sur le fond d'un panneau bleu.

Des arbres, solitaires d'abord, pareils à des vers rampant en lisière d'un ciel gris, annoncent bientôt la forêt. Nous sommes en Île-de-France. La flèche de la cathédrale de Senlis apparaît au-dessus des cimes.

Senlis, petite ville au grand passé, plus importante que Paris autrefois, aujourd'hui à l'écart de la grande route, au bord d'une ligne de chemin de fer secondaire, Senlis est devenu un lieu d'excursion, une curiosité. Ici un épicier peut habiter les restes d'un manoir, un jardinier peut installer une serre chaude dans les ruines du château royal et cultiver son potager le long de l'enceinte gallo-romaine. La ville avait seize églises, deux lui suffisent désormais pour le service divin. Les autres sont devenues des édifices profanes : dans l'une il y a un marché, dans une autre un maçon a stocké ses réserves, dans une troisième c'est un marchand de bois qui a fait de même, une autre encore est devenue un théâtre – les acteurs ont leur vestiaire sous les ogives, au milieu des sculptures anciennes. Derrière les belles portes de bois et les fenêtres du grand siècle, vivent des petits bourgeois ou des étrangers. Beaucoup de seigneurs de guerre ont élu domicile ou régné dans cette ville si paisible aujourd'hui, de Clovis, le roi des Francs, jusqu'au maréchal Foch qui avait établi son quartier général dans le vieil hôtel de Vermandois à la tour tachetée.

Nous franchissons le portail de la cathédrale, surplombé par la salamandre de François Ier qui tourne la tête. La messe dominicale est presque terminée. Il n'y a plus que quelques mamans avec leurs enfants. L'un d'entre eux allume un nouveau cierge pour célébrer le Noël éternel. Un autre s'agenouille devant les ellébores de la crèche, plus douces au regard que le petit Jésus de cire que le garçonnet s'efforce de voir derrière le dos laineux des agneaux et les nuques des bergers. Sur un pilier, à côté des habituels échos de la paroisse, quelqu'un a épinglé un cœur. Dessus il est écrit : « J'ai prié pour toi à Notre-Dame de Bon-Secours. » Une chaleur monte du sol à travers une grille : le calorifère. C'est comme si, d'en bas, l'enfer chauffait le ciel. L'ombre d'un pilier se dessine sur une fenêtre blafarde, dont seuls les bords sont bleus et dorés. Nous sortons ; sur le parvis de Notre-Dame, le beau monde de Senlis s'attarde à bavarder un instant ; puis les châtelains des environs montent dans leurs voitures et les bourgeois s'en retournent dans leurs maisons. Le mot *apéritif** nous parvient d'un groupe de cavaliers. Le parfum de l'encens a donné soif à cette allègre compagnie. Les connaisseurs peuvent étudier sur les dames dans quelle mesure la mode a conquis cet univers et à quelles limites elle s'est heurtée.

Après avoir levé les yeux pour regarder les portails et les tours ; déambulé longtemps dans les ruines du château, à l'insu des maraîchères et des gardiennes ; flâné dans les ruelles jusqu'à la rivière, la Nonette, nous voilà saisis par la fatigue et la faim. La présence de la petite auberge est secourable. Nous nous amusons beaucoup à essayer de deviner la vie des gens attablés. Il n'y a presque pas d'étrangers aujourd'hui. La *saison** de Senlis ne commence qu'avec celle des fleurs. Autour de nous il y a, semble-t-il, des habitants de la ville qui sortent déjeuner le dimanche, à la rigueur des gens qui viennent des proches environs. La femme là-bas a de belles ondulations dans ses cheveux châtain, qu'elle laisse pousser en gris à la racine ; elle se cure les dents en souriant. Son fils a une tête de vilain garçon de livre d'images. Sous une ramure de cerf à laquelle est accroché un

51

cor de chasse, un couple est assis avec un chien. Ils caressent à tour de rôle leur roquet, elle avec assurance, montrant l'exemple, lui un peu gêné, pour faire plaisir à la femme. Une toute petite fille, qui préside la table de sa famille du haut de son siège pour bébé, pique la nappe avec une fourchette pour adultes. Là-bas, le vieux monsieur et le jeune homme doivent être un oncle et un neveu, ou bien un grand-père et un petit-fils. Le jeune homme expose ses opinions sur la vie et l'école avec des mines et des gestes pleins de certitudes. Le vieux monsieur aux doigts recourbés a l'air de chercher à faire l'expérience du nouveau monde en inclinant sa tête grise en avant. Alors que la plupart des groupes ont achevé leur *déjeuner**, il ne reste plus que quelques messieurs solitaires qui lisent. Le patron, qui a fait connaissance avec nous en nous proposant un *petit verre**, nous raconte de qui il s'agit. L'homme barbu qui a de l'allure est un châtelain du voisinage ; celui qui est mince, qui a les joues osseuses et qui a l'air fatigué est un ancien professeur de lycée qui a pris une retraite anticipée pour se livrer paisiblement à l'érudition. Nous interviewons notre hôte sur la société de Senlis. Très bourgeoise, assez pieuse, beaucoup de gens de justice à cause du tribunal, des notaires, des négociants. Des nobles dans la campagne alentour. Pas de distractions. Paris est là pour ça, suffisamment proche. Nous l'interrogeons sur les militaires africains que nous avons vus passer devant la caserne et dans les ruelles, avec leurs grands manteaux couleur sable et leurs calots de couleur vive. Ce sont des *spahis*, des troupes coloniales ; ils sont basés ici pour protéger, en cas de nécessité, la capitale contre sa propre population, ce qu'on ne saurait demander à des soldats français. Ces hommes du Sud, étranges étrangers, ne peuvent entrer dans les auberges mais passent fièrement à l'intérieur de remparts construits par les Romains, les Francs et les Français.

Le patron nous montre sur la carte les lieux où l'on peut voir dans la région de vieilles églises et de vieilles pierres : Baron, Pont-L'Evêque, Versigny, etc.

L'après-midi, notre trajet nous conduit d'abord à Châalis, au bord de l'étang et dans les grandioses ruines de l'abbaye. Un peu plus loin, dans la direction d'Ermenonville, nous avons la surprise de découvrir, au beau milieu de la forêt, un désert, une vaste étendue de dunes de sable où ne poussent que quelques arbres perdus. En enfonçant ses pieds dans ce sable tendre, on a l'impression d'être à proximité de la mer. Des blocs rocheux se dressent au milieu des solitudes. En revenant à la voiture et à la forêt, il nous semble que nous arrivons de très loin. De nouveau nous roulons le long de murets couverts de mousse et de lierre ; nous traversons plusieurs petites forêts d'Île-de-France, encore sans feuilles ; nous arrivons à des places de marché, des églises, des cimetières, des calvaires. Ici ou là, nous nous arrêtons au coin d'une ruelle, au pied d'une tour ou devant un portail ; mais nous ne descendons plus de voiture.

Le chemin du retour passe près d'énormes viaducs de chemin de fer, qui sont les monuments de notre temps, ses arches et ses voûtes. Le vieux monde surgit une fois encore sous la forme d'un petit château, le château de la Reine Blanche, qui a de petites tours rondes ainsi que des fenêtres, des portes et des balcons richement ornés. Jadis il était habité. Aujourd'hui c'est... un musée !

Pause estivale

Un étranger peu perspicace s'étonnait, ces jours-ci : « C'est curieux que la même pièce soit donnée dans tant de théâtres : *Relâche**. » Puis on lui révéla que ce mot signifiait que c'était fermé, comme celui de *clôture** qu'il avait pu lire sur beaucoup de commerces. Il alla de surprise en surprise. La première avait été le jour de son arrivée, le matin du 16 juillet. Dans les rues, devant les cafés, il avait vu une énorme quantité de chaises que l'on repliait une à une puis que l'on entassait en des piles gigantesques. Une armée de garçons de café, de balayeurs et d'hommes en tablier mettaient à la poubelle des lambeaux de toutes les couleurs, défaisaient les tréteaux qu'on avait installés pour des orchestres et retiraient les lampions et les ampoules électriques des fils où ils étaient accrochés ; c'était le dernier tour de danse de la fête nationale, ce bal qui dure trois jours et quatre nuits.

Il voulut observer « le grand monde » dans les pavillons du bois de Boulogne ; mais « le grand monde » s'en était allé, après les dernières courses à Auteuil et Longchamp. Marchant le long des quais de la Seine, il fut tout de même confronté sur le vif à la poussée d'un peuple en plein exode, lorsqu'il entreprit de traverser la rue, de prendre un pont, et que sa route fut coupée par une barricade d'automobiles surchargées de valises et de gens : il venait de découvrir la grande migration vers la gare d'Orsay.

Recommandons-lui de prendre place, avec d'autres étrangers, dans un autocar de luxe et de suivre le circuit des curiosités qui, elles, ne peuvent pas s'échapper. Le soir, on lui mettra même devant les yeux ce qu'on appelle la vie : *Paris la nuit*, *Paris by night*, *Paris bei Nacht*, *Parijs bij Nacht*, *Parigi la notte*, etc. Ces autocars font un petit tour dans l'animation de Montparnasse et du Quartier Latin, ils effleurent la place Pigalle et la place Blanche, et cela se termine au pied du Sacré-Cœur, dans un cabaret spécialement conçu pour ce genre de visites ; là, le programme l'assure, « une troupe d'artistes choisis de Montmartre offre un récital de chansons enjouées, comme on n'en trouve que sur la Butte qui est à bon droit le foyer si apprécié de la gaieté française ! »

On voit maintenant de curieux étrangers. Paris est habitué aux peuples venus d'ailleurs. Ils cheminent aussi sereinement que dans les steppes, les déserts et les *kraals*[16] de leur pays natal. Mais ceux qui sont maintenant assis aux terrasses des grands cafés – comme sur le pont d'un paquebot de croisière – et qui scrutent avec impatience les rues silencieuses, de quelles provinces éloignées de l'Europe, de quels États d'Amérique arrivent-ils ? Récemment, dans une station de métro, un petit groupe issu d'une de ces contrées reculées s'adressa à moi en anglais – avec l'accent américain – devant un plan de la ville, pour me demander comment on allait à *Main Street. Main Street* ? La rue principale ? À quoi pouvaient-ils penser ? Je leur indiquai l'avenue de l'Opéra. C'était là, supposai-je, la *Main Street* de Paris qu'ils cherchaient. Puis, alors que les jeunes gens étaient déjà partis, j'eus soudain l'idée que j'aurais dû les envoyer vers l'avenue des Champs-Élysées, qui dans leur pays est vraisemblablement considérée comme la principale rue – et la principale attraction – de Paris.

Un calme agréable règne autour de l'Opéra à midi. Ce qu'on remarque alors le plus, ce sont les agences de voyage. Dans l'une d'elles, derrière la vitrine, vogue un paquebot dont la cheminée crache quelque chose qui imite le mouvement d'une véritable fumée. Dans une autre il y a une voiture de tourisme ; elle est immobile et c'est le sable qui bouge. Derrière elle, de chaque côté, défilent les images des paysages africains qu'elle parcourt : les montagnes de Marrakech, les temples en ruines de Timgad, les minarets et les coupoles de Tunis, les dunes rouges et jaunes du Sahara.

Le jardin des Tuileries est immense et vide ; les statues sont plus nombreuses que les hommes. Et celui qui est d'habitude le plus peuplé de tous, celui qui est par excellence le jardin des enfants, des étudiants et des jeunes filles, le Luxembourg, a l'air d'entourer le vieux château pris de sommeil d'une petite ville princière d'autrefois. Une sentinelle unique s'ennuie devant le palais, où le Sénat ne siège pas. L'édifice semble enchanté. D'habitude, sur le bassin, les bateaux miniatures des petits et des tout-petits croisent en nombre ; un seul est là aujourd'hui, immobile sur l'eau calme. Un jésuite vêtu de noir se glisse le long des fuchsias et des parterres de roses, pure silhouette. Au bord des allées, les reines de France contemplent quelques chaises éparpillées, de leur regard de marbre. La plupart ont été disposées contre les arbres et la balustrade par la vieille dame qui les loue. La chalandise est maigre en ces journées. Sur ces chaises il y avait des gens qui se balançaient, brodaient, flirtaient, surveillaient des enfants ; ils sont presque tous partis. Il y avait des groupes d'étudiants qui travaillaient en plein air ; un seul est resté, rassemblé autour d'un monsieur à lunettes qui vraisemblablement leur dispense un cours d'été. On ne voit personne sous l'allée de verdure de la fontaine Médicis. À l'ombre de la grotte, au-dessus des eaux, Acis et Galathée sont absolument seuls dans leur songe et plus que jamais sous la menace du concupiscent cyclope penché sur le promontoire rocheux. Seuls deux enfants chevauchent, dans le manège dont un magnifique poème de Rilke a décrit la ronde ; l'un monte Toby l'éléphant blanc, l'autre Brutus, le lion noir qui regarde de côté.

Nous sortons par la porte située au sud, nous marchons à travers des rues silencieuses vers la place où trône le lion de Belfort. Il y a quelques jours encore, se tenait là une fête foraine, avec ses stands de tir et de jeu, ses roues de loterie, ses lutteurs et ses diseuses de bonne aventure. Il ne reste plus que des pains d'épices, des nougats et des berlingots qui vieillissent sur quelques rares étalages de confiserie. Ce désert sied au lion solitaire. À deux pas de là, le garage attend que quelqu'un s'arrête ; au printemps il était souvent impossible d'y ranger une voiture de plus. Le gardien fait les cent pas devant les rares pensionnaires qui lui restent ; il est comme un dompteur dont la plupart des bêtes ont dépéri, et qui erre parmi les reliquats de son cheptel.

Dans notre rue, là où nous habitons, l'exode, l'isolement, la « pause » se font particulièrement sentir. Chaque jour une nouvelle rangée de volets en bois ou en fer se ferme. Le gramophone de notre concierge est le seul instrument que l'on entende, dans cette rue qui n'est que trop musicale

d'ordinaire. Et son petit chien blanc, qui jusqu'alors ne sortait qu'en s'abritant peureusement
des hommes et des voitures, se promène d'un air
tranquille et fier sur la chaussée, comme s'il était
à la campagne.

Un défilé de mode

On me tolère ici, où je ne fais qu'accompagner quelqu'un ; je n'entends rien à ces choses et je serais bien incapable de décrire et d'interpréter correctement une seule des « créations » présentées. De toutes parts je suis entouré de connaisseuses. Elles ont le catalogue sur les genoux et prennent des notes avec le crayon argenté qui y est accroché au bout d'un fil. Elles paraissent sévères et impartiales comme des critiques de théâtre. Les mannequins qui présentent les vêtements répètent quand on le leur demande le nom des jolies poupées qu'elles incarnent à tour de rôle : *Pétale perdu, Heure exquise, Énigme, Valse rose, Jeune abbé, Pourquoi pas, Vagabonde**... Beaucoup savent même dire en anglais leur numéro dans le catalogue. Elles viennent tout près et laissent les juges tâter les étoffes. Je ne me sens pas assez compétent pour cela. L'expérience que je fais ici est autre. C'est le printemps que je vois passer devant moi comme une brise légère. Il

61

a passé autour de ses reins une ceinture qui rend sa démarche ferme et élastique. Les nœuds qui entortillent ses cheveux sont lâches, peu serrés. Une pression de la main, un coup de vent suffiraient à les défaire. Ses pèlerines sombres sont disciplinées et coquettes comme des écolières, mais dès qu'il les ouvre on voit fleurir des couleurs éclatantes. Puis l'été approche, en tenue de plage et costume de bain, avec des chapeaux à larges bords. Il repart bientôt, se hâtant dans ses vêtements de lin et de soie qui tour à tour flottent et collent à la peau. Maintenant on allume la lumière, les jeunes femmes reviennent, leur démarche est plus lente, elles portent de longues tenues, c'est le soir et la fête.

Et quelle surprise alors ! Quelque chose a changé ! Il y a soudain une opulence, un excès débordant, une délicieuse prodigalité, un faste paisible. Ces dernières années, le style sévère et concis des garçonnes avait fait grande impression – qu'il fût authentique ou factice – et il correspondait, comme toute mode, à une aspiration masculine. Est-ce un nouveau type de séduction, est-ce une beauté neuve que l'on voit apparaître dans ces habits neufs, ou bien n'est-ce qu'une reprise, un souvenir, une nostalgie tournée vers des époques antérieures, et qui passera ? Qui peut le dire ? Nous ne pouvons comprendre et apprécier que l'instant, la vision éphémère de ces longs vêtements glissant sur le sol.

À nos yeux, ils représentent plus encore qu'une belle surabondance, plus encore que des lignes, des formes et des couleurs nouvelles. Quand ces robes tournent sur elles-mêmes de toute leur amplitude, c'est l'herbe d'un conte de fée que frôlent leurs ourlets. La fille du roi traverse son jardin et va à la fontaine, et nous, ses admirateurs, nous sommes le Roi Grenouille vers qui elle penche sa splendeur[17]. À la remorque de ses pas altiers, nous ravivons des émotions oubliées, des timidités et des convoitises de petits pages. Les plis toujours changeants jouent à envelopper sa silhouette d'incertitudes et de pressentiments ; nous redevenons des enfants qui ne savent pas grand-chose encore de l'autre sexe. Celui-ci est à nouveau un secret. En dépit de tout ce qu'on nous a appris et de toutes les expériences que nous avons faites, le secret – énigme ensorcelante ou jeu de cache-cache taquin – appartient à l'essence de la femme. Nous voulons être sans cesse induits en erreur, sans cesse forcés de deviner patiemment. Souligner le secret en le voilant : c'est le charme de la mode et la sagesse de ses maîtres.

La doyenne des ouvreuses

L'une des plus anciennes fonctionnaires de l'État français vient de prendre sa retraite après cinquante et une années de service, à l'âge de quatre-vingts ans. Cette personnalité remarquable n'avait pas de fauteuil dans un ministère ni de strapontin dans un petit bureau. Dans l'exercice de ses fonctions, elle avait peu l'occasion de s'asseoir ; la plupart du temps elle restait debout, ou bien elle marchait. C'est *la doyenne des ouvreuses de la Comédie-Française** – le théâtre national de Paris.

Pour se faire une idée du prestige de cette fonction, un Allemand doit se représenter toute l'importance qu'ont en France, depuis les temps les plus reculés, les gens à qui l'on confie une porte ou une entrée – que l'on songe seulement au gouffre qui sépare la concierge allemande de son homologue française ! Celui qui entre dans un théâtre parisien ne peut faire un pas sans être accompagné. Il a en permanence un ange gardien. Quand il a acheté son billet à la caisse, il doit encore patienter longtemps avant de pouvoir avancer. Il lui faut d'abord se présenter aux trois dignes messieurs en frac qui trônent derrière un buffet, comme les juges attendant les morts dans l'antique Hadès. Ils chuchotent ; puis l'un d'entre eux, après vous avoir énigmatiquement examiné, trace des signes mystérieux sur votre billet et vous confie à un laquais qui vous mène à la prochaine porte du destin. Une fois que vous êtes allé voir, comme il se doit, la demoiselle du vestiaire, vous tombez entre les mains d'une gouvernante qui vous indique votre place – c'est une *placeuse** quand vous êtes au parquet, une *ouvreuse** quand vous êtes dans les étages ou les loges. Là où règne la frivolité, dans les théâtres de revue ou les théâtres comiques, ces dames sont enjouées, vêtues d'une façon émoustillante, et quelquefois jeunes. Mais même les ouvreuses des théâtres nationaux, dont la tenue est fort décente, ont une parure : à défaut de brins de muguet – comme les angéliques nymphettes du grand chanteur comique Mayol[18], qui imitaient leur maître –, un nœud dans les cheveux qu'elles portent souvent nattés d'une façon surannée.

C'est ainsi qu'a officié, cinquante et un ans durant, Madame Jeanne Noviant, qui raconte maintenant sa vie à des journalistes pleins de curiosité : « Pendant tout ce temps je ne me suis jamais couchée avant une heure et demie du matin ; j'aurais bien continué encore quelques années, mais mon mari commence à ne plus être très bien portant, je n'ai pas envie de le laisser seul le soir. J'étais là lors de la réouverture du Théâtre-Français en août 1879, après les travaux de rénovation. On donna *Les Femmes savantes* et *Le Malade imaginaire.* » (Elle énumère les noms de tous les acteurs qui jouèrent dans ces représentations.) « J'étais là aussi quand Sarah Bernhardt a été sifflée dans *L'Aventurière.* J'ai bien connu Victor Hugo, je lui ai souvent ouvert sa loge. Il m'appelait sa "petite princesse". J'ai bien changé depuis… Je suis née dans la Nièvre, j'étais la cinquième d'une famille de dix enfants. Chez mes parents on ne se faisait pas une obligation d'aller à l'école. Dans ma vie je n'ai jamais vraiment appris l'orthographe. Je me suis mariée très jeune. Mon mari et moi tenions un petit hôtel rue du Palais-Royal. À l'époque de la deuxième exposition universelle[19], nous avons gagné une coquette somme d'argent ; maintenant nous avons tout perdu avec les emprunts russes. Ensuite je suis rentrée dans la maison de Molière. J'ai débuté à l'étage le plus haut. Dans notre profession, plus on descend et plus on s'élève. En bas, c'est "le Sénat des ouvreuses", comme disait Coquelin cadet[20]. Quand il y a eu l'incendie de 1900, j'étais encore au troisième étage. Je n'ai pas beaucoup vu le feu mais on m'a tout de même décerné une médaille. C'est aussi à cet étage que m'est arrivée la seule mésaventure de ma carrière, un manteau qui avait disparu ; on est responsables des affaires dans les loges. Ça m'a bien coûté cent francs, je crois. Notre travail n'est pas facile. Vous vous rendez compte, avec toutes les matinées. Et pourtant j'aime et je bénis cette maison où j'ai pendant si longtemps joué mon petit rôle. En 1922 j'ai reçu mon diplôme de *bons et loyaux services*. »

Madame Noviant raconte tout cela dans son charmant appartement que pourraient lui envier bien des intellectuels. Elle montre des albums avec des portraits dédicacés – des visages célèbres, anciens ou récents. Au creux de son fauteuil confortable, elle aura souvent la nostalgie de ses allées et venues dans le clair-obscur des antichambres de l'art.

Paris danse

Tous les journaux ont dit que le 14 juillet – le jour anniversaire de la prise de la Bastille – a été particulièrement somptueux cette année : on n'avait pas vu depuis longtemps une telle foule à la parade militaire. La principale attraction : un défilé en uniformes d'époque de l'armée qui prit Alger il y a cent ans. (Les patriotes qui font de la propagande sentimentale dans le genre de *L'Ami du peuple*, le *Figaro* des petites gens, voient dans l'enthousiasme des Parisiens pour les spahis, les turcos et les zouaves l'inébranlable joie guerrière d'un peuple vaillant. En y regardant d'un peu plus près, on se dit que dans ce romantique centenaire, devant toute cette revue militaire, burnous, turbans, manteaux et pantalons rouges, havresacs aux lanières blanches, les braves bourgeois célèbrent surtout leurs retrouvailles avec les soldats de bois ou de plomb de leur enfance, avec les illustrations d'uniformes qu'ils découpaient et qu'ils voient

68

soudain se déplacer sous leurs yeux en chair et en os.)

Mais ces parades pompeuses, les poses cinématographiques des officiels, les illuminations des monuments, les feux d'artifice tirés sur les collines ou au bord du fleuve, les salves d'artillerie, les représentations gratuites dans les théâtres nationaux, tout cela n'est qu'une partie du 14, et pas la plus importante. L'essentiel, c'est la danse, l'orgie des petites gens, les saturnales des pauvres. *Ici on danse** : la grande révolution avait écrit ces mots à l'emplacement de la prison qu'elle avait mise à bas. *Ici on danse** : au même endroit, à chaque 14 juillet, on peut la lire sur les planches de bois où l'orchestre jouera pour les masses. Durant trois jours et trois nuits (cette année c'était même quatre, avec le samedi soir qui précédait le dimanche 13), le peuple de Paris règne sans partage sur le pavé. Les autobus ont parfois le droit de circuler encore, mais s'il leur arrive de croiser un bal sur une place ou à un carrefour, ils doivent patienter jusqu'à la fin du tour de danse, avant de repartir sous les hululements bienveillants des gens.

Les milliers de bals de rue expriment chacun les qualités des lieux où ils se tiennent – pauvres ou riches, sages ou louches – ainsi que les métiers et les origines de leurs habitants. Les orchestres et leurs installations suffisent déjà à nous renseigner. Devant la Bourse, l'Hôtel de Ville et la fête

69

foraine de Montparnasse, ils jouent dans des sortes de loggias pavoisées, de temples en bois et en toile, de cabines de bain peintes en bleu-blanc-rouge. En revanche, quand ce sont des rues étroites ou de petits carrefours, on voit trois hommes comprimés dans une baraque de planches avec les instruments typiques des « bals musette » : accordéon, banjo, guitare. Un certain nombre d'entre eux n'ont pour toute estrade qu'une planche de bois posée sur des tonneaux. Mais récemment, beaucoup d'orchestres, grands ou petits, ont été supplantés par des inventions qui permettent de se passer des musiciens : les pianos mécaniques, les gramophones et surtout les haut-parleurs qu'on accroche quelque part à un mur et qui déversent leurs refrains sur les foules.

« *Ce n'est que votre main, Madame** », chantent en dansant les jeunes filles de la porte Saint-Denis, éclairées par des lumières tour à tour roses, vertes et bleues. Des tables et des chaises – entre lesquelles les serveurs coiffés de chapeaux en papier passent en gardant leur plateau en équilibre – s'étendent très loin sur la chaussée, tout près des danseurs. C'est le jour où les très jeunes et les très vieux, les très misanthropes et les très malades sortent de leurs recoins et s'assoient au bord des fenêtres pour regarder les lumières de la fête. Même les *concierges** grimaçantes, ces éternelles sentinelles des seuils que les Parisiens appellent cerbères, sortent de leurs sombres corridors –

longs comme des *Lindwurms*[21] – pour rejoindre la clarté.

La fête est encore plus authentique, plus singulière, dans les ruelles des îles et de la rive gauche. Là où un peu de lumière, un peu de musique perce dans l'obscurité, nous tombons sur des Auvergnats et des Limousins qui dansent des *bourrées** de leur pays et de petits orchestres amateurs jouant du piano et du violon. Dans certains endroits nous avons même entendu le son – si ancien, si profond – d'un cor de chasse. Finalement nous sommes revenus dans notre propre quartier qui est déjà un peu faubourien. Devant l'estaminet où nous achetons notre tabac et nos timbres-poste, des tables et des chaises dessinent un carré laissé libre sur le trottoir. C'est là que les jeunes filles de la boulangerie, de la boucherie et du magasin de miniatures attendent la prochaine danse. Elles ont des robes de quatre sous aux couleurs vives, qui laissent voir leurs bras nus. La femme du propriétaire de la boutique de charbon, qui fait aussi hôtel et marchand de vin (en tout cas, au-dessus de la porte il est écrit *Vin Hôtel Charbon**), calme son dernier-né près de la chope de bière de son mari. L'ivrogne aux longues moustaches de Gaulois qui m'a expliqué un jour, dans ce même bar, qu'il n'y avait plus de vrai cognac et qu'il était bien placé pour le savoir, car il était apparenté aux Hennessy, dévoile des talents secrets d'acrobate. Entraîné par la musique, il fait un salto, puis se lance dans une sorte de cake-walk ; on applaudit, les chiens aboient. Ses chaussettes russes et ses semelles ne résistent pas à de telles prouesses ; elles pendent à ses pieds, tandis qu'il sautille et galope. Et les gens qui le trouvent d'habitude importun sont ravis, même le patron qui doit le jeter dehors presque tous les soirs. Quand le spectacle est fini, il fait signe à l'homme encore essoufflé de venir au bar et lui demande ce qu'il peut lui offrir à boire. « Vous êtes bien aimable avec lui, aujourd'hui », dit une femme assise à côté. « Que voulez-vous ! C'est le 14 ! »

Saturnales parisiennes

À Paris, les vraies saturnales – le moment où tout le monde danse avec tout le monde – ont lieu le 14 juillet, le jour de la fête nationale qui célèbre la prise de la Bastille. Alors le peuple fait la fête sous les lampions, à tous les coins de rue ; le peu d'espace qui reste est réservé aux couples qui dansent autour des petits orchestres montés sur une estrade. Des gens que l'on ne voit jamais dans la rue d'habitude descendent de leurs salons ou remontent de leurs caves et dansent sur le pavé. Mais un carnaval ? Cela existe-t-il encore ? Qu'il y ait entre l'épiphanie et le mercredi des cendres quelques festivités officielles – tel le bal de l'Opéra – réunissant des hauts fonctionnaires, des ambassadeurs et des reines des Balkans, et qu'alors les autres bals soient plus remplis que le reste de l'année, cela suffit-il à faire un carnaval ? Et les fêtes les plus déchaînées – le fameux bal des Quat-z-arts auquel les étudiants des Beaux-Arts impriment un tour orgiaque pathétique et émouvant, et le bal des carabins où l'on commente avec un cynisme non moins poignant la chair féminine dénudée et pailletée – n'ont lieu qu'au printemps. Et pour qu'il y ait un carnaval, il faut qu'il y ait des cortèges ! Où est l'antique *Carrus navalis*, le char en forme de bateau qui s'avance et tangue sur ses roues en portant le Prince Carnaval ? On le voit plutôt à Nice, où l'on projette des confettis dans le ciel déjà printanier du mois de février. Paris n'a une telle procession qu'à la mi-carême. C'est à ce moment-là que les reines des vieilles provinces, des innombrables vignobles de France, défilent en suivant les boulevards, entourées des symboles en carton-pâte de leur région, au milieu d'une foule compacte, sur des chars ornés à foison. La plupart du temps on ne voit pas grand-chose, on est repoussé par des gens qui sont eux-mêmes repoussés ; entre les crinières noires de la garde municipale, qui maintient l'ordre, on aperçoit par instants un visage rayonnant, un dos corseté, une petite couronne de papier – ce sont les beautés de la mi-carême qui passent.

Depuis que la danse est devenue une sorte de sport obligatoire dans l'ancien et le nouveau monde ; depuis que le moindre commis de boutique connaît le charleston ; depuis que les jeunes filles blanches s'efforcent ardemment de rivaliser avec les jeunes filles noires dans la gymnastique chorégraphique (mais celles-ci restent toujours les meilleures) ; depuis que les bals sont à peu près tous équivalents du point de vue de la médiocrité et de la distinction, du vice et de la vertu, il faut, si l'on veut voir quelque chose de spécialement parisien (et on en dirait autant des autres grandes villes), se rendre dans les petits *bals musette** des faubourgs, là où la cornemuse continue de tenir tête au saxophone – et où, après chaque tour de danse, un maître danseur ou une rigoureuse mégère tend la main à « ces messieurs » en ordonnant « *passons la monnaie !** ». C'est là aussi que l'on peut encore voir surgir des adolescents dans le genre *Apaches**, tribu romantique en voie d'extinction, qui a inspiré autrefois tant de jolies chansons dans les théâtres et dans les rues – et dont la difficile profession est aujourd'hui exercée par des *gentlemen* bien habillés, de réputation internationale.

Des fêtes en costumes populaires ? Paris n'en a pas véritablement besoin. Il y a déjà tant d'authentiques costumes ici, dans la vie de tous les jours – ceux des Mongols, des mulâtres, des Siamois, des Indiens, des Arabes. Il est de plus en plus difficile de se déguiser. Ils sont pourtant charmants, les Pierrots et les Colombines, les petites dames rococo et leurs cavaliers qu'on voit en fin d'après-midi, dans les bals d'enfants de Montmartre, danser des rondes sur l'air de « Mon ami Pierrot » et de « Il pleut bergère » – là même où, le soir venu, un peuple adulte viendra vaquer à son plaisir et à sa vocation.

Cette année encore, il faudra que nous assistions à l'une ou l'autre fête au Bal Bullier, la vieille salle de danse qui est un haut lieu du Quartier Latin ; et même si finalement nous ne nous y rendons pas, au moins nous irons faire l'expérience de l'exode à la Rotonde. C'était jadis le plus petit café de Montparnasse et c'est aujourd'hui le plus grand. Un Paris fragile, une joyeuse France des provinces se glissent encore là au milieu des armoires à glace américaines. Comme elle était drôle, l'an passé, la petite blonde aux reflets roux qui n'avait presque rien sur elle, à part les serpentins qu'on lui lançait tandis que, sur le fond d'une musique de jazz, elle exécutait avec application, sans se laisser déconcerter, les danses paysannes de sa patrie auvergnate, levant les genoux, tapant dans ses mains et chantant *La Bourrée, La Bourrée** ! Il nous revint en mémoire qu'il y a des morceaux de Bach et de Haendel qui s'appellent exactement ainsi, *Bourrée** ; et dans cette gracieuse créature de la campagne, nous vîmes la douce et vieille Europe – ébouriffée, dénudée, couverte de guirlandes – danser sa dernière danse sous les rires des Yankees et de tous les continents.

Le marché aux puces

La foire aux puces* : on appelle ainsi ce curieux marché aux portes de la ville, d'après les petites choses que l'on ramène *gratis* avec ses achats. Il y a là un village de baraques en bois où les marchandises de Paris connaissent leur dernière mise en vente. Avant d'arriver ici, elles ont parcouru un long chemin, elles ont eu des vies distinguées ou communes, elles sont passées entre beaucoup de mains. Dans les grands bazars et les petites boutiques, les choses sont séparées selon leur nature et leur prix ; ici elles s'entassent simultanément et sans ordre. Tout est posé, suspendu, étendu de manière entremêlée. La cage aux oiseaux est dans la baignoire. Sur la presse typographique il y a un boa de fourrure et des colliers de perles. Des casseroles, des poêles, des assiettes et des plats sont empilés, parfois emmaillotés de ficelles. La corbeille à papier est dans le baquet. Des sommiers métalliques sont posés contre une paroi et des manteaux pendent accrochés à leurs grilles. Des colonnes de bottes s'alignent le long de cordes tendues entre des piquets ; sur une table, de minuscules chaussures d'enfants sont entourées de bibelots. Des paysages, des portraits, des natures mortes et des illustrations historiques formeraient une véritable exposition de tableaux, s'ils n'étaient amoncelés sans égard à leur valeur artistique. Les peintres viennent acheter les œuvres de leurs confrères inconnus – non pour leur beauté, mais pour récupérer un joli cadre à bon marché. On peut constater ici la variété de tous les produits du travail du fer, du gros tuyau au minuscule boîtier de montre. Au milieu des chapeaux et des capuchons, des toques et des bérets, il y a matière à étudier l'évolution des modes au cours des dix dernières années.

Voici des landaus où l'on a dû promener nos grands-mères. Debout ou assis, derrière leur marchandise ou à côté d'elle, les vieux camelots sont patients. Ils ne crient pas, ne hèlent pas. Calmes et dévoués, ils attendent qu'un client se présente, puis le regardent placidement fouiller dans leur fatras.

C'est un morceau de Paris à part entière ; ces baraques de bois font partie de l'architecture des nombreuses villes éphémères qui s'érigent, se défont et se reconstruisent sans cesse à l'intérieur de la grande ville. Les enfants des faubourgs aiment ce marché aux puces, même s'il n'y a pas ici de manèges ni de stands de jeu comme dans les nombreuses foires qui se déplacent autour de la ville, le long des *boulevards**. Ils vont de surprise en surprise en se faufilant au milieu des rebuts et jouent à cache-cache derrière les murs de planches.

Objets orphelins

Sur la corbeille pleine d'objets de vaisselle en partie brisés, il y a deux éventails. Une dame âgée, assise au premier rang de la vente aux enchères, se saisit de l'un d'eux et en fait l'essai devant son visage ridé. Un assistant approche une caisse dont on sort des rideaux qui ont tourné au gris. On entend le crépitement des billets bleus que l'acheteuse, à l'air strict, sort de son porte-monnaie ventru, avant même que le marteau du commissaire-priseur n'ait retenti. Sur un signe de celui-ci, son aide lui apporte la grosse poupée assise sur les meubles de cuisine. Il en détache la tête de porcelaine ; à gauche il brandit le tronc, à droite la tête. Des garçons regardent sous la jupe du jouet, toute raide. La salle se remplit. Il faut monter sur l'escalier pour voir encore quelque chose. Mais un groupe d'habitués qui ne veulent plus enchérir vous repousse dans le couloir. Sur une pancarte il est écrit en gros caractères :

*Racoleurs**. Qu'est-ce que c'est ? Un texte, en dessous, l'explique : « Il est interdit de se livrer à tout acte de racolage, c'est-à-dire de faire des offres commerciales aux personnes qui sont venues assister aux enchères en essayant de les détourner de la vente publique pour leur proposer des transactions privées. »

Un panneau près de la porte annonce ce qu'il y a dans la salle suivante : canapés, fauteuils, armoires, armoires d'angle, bahuts, bibliothèques, commodes, secrétaires, guéridons ; et plus loin, perceuses, limes, vis, tours, presses, petites guillotines (qu'est-ce que cela peut bien être ? des coupe-cigares ?), poinçons, coins, jauges, moteurs électriques. Il y a beaucoup d'hommes à casquette, certains debout sur les marches, d'autres sur des caisses, entre des paniers en osier et des bidons d'huile. Deux d'entre eux s'appuient sur les accoudoirs rembourrés, de part et d'autre d'un sofa, et quelques-uns sur les barres dont l'empilement monte jusqu'au plafond. Ce doit être une grande propriété qui est mise à l'encan aujourd'hui, avec à la fois les équipements de l'usine et le mobilier de la maison. Ceux d'en haut, qui ont l'air de techniciens, vont devoir attendre un certain temps avant que vienne le tour des choses qui les concernent. Car *l'ordre de vacation**, qui indique la succession des enchères, commence par les numéros des biens de la maison. C'est cela qui intéresse une dame sévèrement vêtue. Elle porte encore le deuil de son mari. Elle est accompagnée de sa fille ou de sa future belle-fille, pour qui elle choisit des meubles. « Est-ce que Jacques aimerait ? Ça ne prend pas beaucoup de place », dit-elle tandis qu'on met en vente une armoire d'angle. La jeune fille se préoccupe davantage des plats en argent. Ainsi passent les meubles qui ont été autrefois au goût du jour, quittant ceux qui sont morts ou se sont appauvris pour aller à ceux qui ont gagné un peu d'argent mais n'ont pas encore inventé un nouveau goût. Les choses ne veulent pas rester dans leurs anciens séjours. Avec elles s'en vont les petits dieux de la maison, les pénates. Pourront-ils s'installer à nouveau quelque part ? Le chemin de la maison de ventes n'est-il pas celui de leur mort ? On propose maintenant un garde-feu et des pincettes de cheminée. La veuve et la bru ne leur accordent pas un regard. L'enfant grandit dans une maison où il y a le chauffage central. Et là où il reste encore des cheminées, on ne fait plus de feu. Peut-être ont-ils installé l'un de ces faux feux de cheminée éclairés à l'électricité. Les dieux lares ont déserté les nouveaux foyers. Autrefois, quand l'enfant des anciens propriétaires jouait à faire du feu avec des allumettes, ce qui palpitait était bien plus que des flammes. Mais l'enfant a été envoyé ailleurs et l'on a refermé le clapet. Les lares se sont enfuis. La poussière aussi a disparu des nouvelles maisons où ils pourraient s'installer. Les boyaux des aspirateurs s'étirent à travers les fenêtres ou remontent les escaliers entre les mains des ménagères. Suivez les deux femmes, qui sont en train de s'éloigner. Elles traversent la salle en face, où aucune enchère n'a lieu aujourd'hui. Les choses posées ou accrochées là attendent comme des prisonniers en détention provisoire. Décoratives ou utilitaires, toutes ont ici le même sort. Les notices font certes une distinction entre *bronzes d'art** et *bronzes décoratifs**, entre *objets divers** et *objets de vitrine** ; mais tous les prisonniers se ressemblent. Voici une série de gravures en couleurs qui représentent la vie d'Esther. Sur l'une d'elles, couverte de piqûres d'humidité, on discerne la belle reine se parant avant de retrouver Assuérus ; autour d'elle il y a des fauteuils Louis XV renversés, un sommier, une horloge murale, des lustres, des appliques, des tentures.

Elles entrent à présent dans une nouvelle salle. On y voit des trumeaux avec des scènes de bergerie peintes au-dessus des miroirs. Une bacchante couronnée de raisin, qui s'appelle *Automne**, penche vers l'expert son malicieux sourire de marbre. (Elle a l'air d'avoir été laissée de côté dans la chambre des parents, sinon dans une buanderie.) Les deux femmes pourront choisir là une console, un guéridon, un buffet. Elles ne seront sans doute pas aussi exigeantes que le vieux monsieur là-bas qui porte une large casquette sous laquelle s'échappent d'indomptables cheveux argentés et qui étudie avec tant de scepticisme les serrures des armoires et des bahuts. Vous levez les yeux vers les deux joyeuses jeunes filles, serrées l'une contre l'autre sur le côté, qui rient en regardant le commissaire-priseur droit dans les yeux. Elles ne sont pas à leur place : ici on ne rit pas, ici on ne flirte pas. Les visages des connaisseurs et des profanes sont sévères, même lorsqu'on montre, comme c'est le cas maintenant, un coucher de soleil couleur framboise dans un cadre doré. Laissez une maman l'acheter pour la salle à manger de son infortunée descendance, et montez d'un étage. Il y a là des salles plus tranquilles, pour des spécialistes. Dans l'une sont installés les collectionneurs de timbres, penchés sur le catalogue. Beaucoup ont amené leurs albums, où ils comparent ce qu'ils ont déjà avec les planches que présente l'assistant. D'une voix douce, l'expert énonce régulièrement un nouveau numéro du catalogue et recueille les offres des têtes qui s'inclinent et font des signes. La salle des monnaies est tout aussi paisible ; un peu plus animée est celle où l'on vend une collection d'art nègre. Les idoles et les animaux passent entre les mains des connaisseurs ; certains voient leur cote monter, d'autres s'effondrer, dirait-on. Les spécialistes perçoivent dans ces idoles de bois autre chose que leur beauté, immédiatement visible ; ils tournent et retournent les pièces, ils y repèrent des caractéristiques qui échappent aux profanes. À la vue d'un animal énigmatique, une ingénue s'écrie : « *Ah ! Le beau monstre !** » -- et elle reçoit de la part de ses voisins un sourire indulgent. Une jeune femme achète à un prix très bas un imposant quadrupède à tête de tortue qu'un vieux juif a laissé circuler en levant à peine les yeux de son catalogue. Elle le confiera peut-être à un enfant qui en refera un animal sacré.

Vous êtes déjà trop fatigué pour vous intéresser aux céramiques, aux gravures et aux gouaches de la dernière salle. Vous apercevez seulement, au-dessus des têtes des gens, dans une tapisserie dont les bords s'effilochent et se déchirent, une forêt d'un vert blafard où cheminent des êtres d'un autre monde, en train de s'effacer. Vous lisez de nouveau les panneaux du couloir et vous apprenez que la police interdit d'amener des chiens, de fumer, de dormir sur les sièges et de déposer ou d'étaler des objets qui gêneraient la circulation. Vous voyez en passant un enfant accroupi sur une table basse, devant un fauteuil Directoire retourné, dont les sphinx, aux accoudoirs, regardent vers le haut. Il fixe sa mère d'un œil endormi ; elle, de loin, lui fait de petits signes avec son porte-monnaie. Vous lisez des énigmes : *table rognon*, *pendule religieuse**.

Voici l'escalier qui descend. C'en est fini de ce dernier tour de danse des vieux siècles et de leurs caricatures. Même à la porte des W.C. il y a une commode sur laquelle on trouve une gravure et un vase de chine, laissés de côté. Vous êtes dans la rue. Un bataillon d'automobiles patiente jusque dans les rues adjacentes, entremêlé de chariots et d'antédiluviennes voitures à cheval. Des tables, des chaises, des classeurs s'entassent devant les magasins. Des inscriptions vous invitent à monter un escalier pour aller voir les bonnes affaires à l'étage. Quand vous traversez la rue, on vous tend un prospectus : « Cabinet du docteur X… À la moindre entaille, consultez-nous !... » Vous arrivez à la grande boutique « Au Chêne massif ». Au milieu des meubles modernes, un volume relié en cuir est posé sur une petite table : *Traité de la communion**. Parmi les horreurs du dix-neuvième siècle, une Mauresque attachée à une planche, pensive, à demi-nue, se reflète dans un miroir près d'un porte-manteau. La figurine à côté s'appelle « Rebecca » et elle est *à démonter**. Deux amours de terre cuite luttent en regardant une sorte de petit morceau de pain à leurs pieds. Cela a comme titre : « Le combat pour le cœur. » Un portail voûté, au fond un ancien palais[22] : *Justice de paix**. Les fenêtres du dernier étage sont éclairées. Des gens mal habillés sortent de ce vénérable édifice. Les murs de la cour sont couverts d'affiches annonçant des ventes publiques pour cause de saisie et de banqueroute, et des mises aux enchères de toutes sortes. Vous continuez jusqu'au croisement avec le boulevard. Près du stand de journaux – où un bandeau rouge court sur des magazines licencieux posés à l'écart : *De la folie pure** – on vous glisse un lorgnon en carton : « Le roi du lorgnon.

Ne tombe jamais du nez. Maison fondée en 1876. » Et maintenant vous êtes à l'entrée du Petit Casino. Vous pourriez entrer pour assister à l'apéritif-concert et entendre les artistes dont on voit les photographies à l'entrée : les musiciens aux regards langoureux, celui qui a un large sourire en triangle, le clown au chapeau trop petit et à la cravate trop large, l'âpre chanteuse réaliste qui a les mains dans les poches de son tailleur. Là-haut, le toit est constellé de réclames. Vous vous détournez de ces lumières éblouissantes, vous repartez dans la rue sombre ; la maison de vente, massive et tranquille, est déjà loin.

La Tour de Paris

« La Tour Eiffel est l'index de Paris », proclame un jeune poète français, Joseph Delteil, dans un bel hymne au Paris qui est le sien[23]. « L'index : ce qui montre et préfigure. Braqué vers l'avenir. Symbole du destin. » Elle appartient déjà au passé ; elle a marqué de mille manières l'histoire de la ville et l'histoire du monde. Pour les contemporains du grand architecte Gustave Eiffel, ébahis par cette innovation lors de l'exposition universelle de 1889, elle était avant tout un triomphe de la technique, une huitième merveille du monde. Quand Eiffel soumit son projet à l'administration, beaucoup d'hommes mesurés s'indignèrent contre ce monstre. Des savants, des artistes protestèrent vivement. On douta si cette construction métallique était tout simplement possible, réalisable, et sans danger. Mais Eiffel l'emporta. Et les Parisiens virent leur jeune géant grandir sur ses quatre pieds éléphantesques, qui portèrent la première plate-forme (on aurait dit alors une pyramide tronquée), puis continuèrent à s'élever, de plus en plus verticaux, jusqu'à une deuxième plate-forme, et se fondirent enfin, à deux cents mètres d'altitude, en un seul pilier – lequel, tout là-haut, à près de trois cents mètres, recèle dans son campanile des laboratoires, un phare et une petite habitation coquette pour monsieur Eiffel. En 1909, la tour est rentrée dans le giron de l'État ; et peu à peu, malgré sa forme étrange, elle est devenue une partie de Paris, un morceau de cette ville qui depuis toujours acclimate infailliblement à son atmosphère les choses les plus insolites. Il y a beaucoup de choses en elle qui font l'effet d'être déjà anciennes : la décoration et les peintures dans les installations de la plate-forme inférieure et le salon vitré du deuxième étage. Mais le soir, quand il revêt son habit de lumière, avec ses ornements et ses lettres géantes, et qu'il varie de minute en minute, ce Roland de Paris[24] est totalement présent, totalement contemporain. Le plus impressionnant, c'est lorsqu'on s'engouffre dans ses entrailles de métal et que de nouvelles forêts d'acier se dressent à chaque instant devant nos yeux, que des toiles d'araignée de fer s'entretissent et se déploient, jusqu'à ce qu'enfin, parvenu tout en haut, l'on contemple par-delà les milliers de toits de la ville les étendues luisantes et brumeuses de l'Île-de-France.

Elle a toujours excité l'imagination de ses visiteurs. La géante du Champ-de-Mars est une tentatrice. Des virtuoses de l'escalade se sont hissés le long de ses jambes d'acier ; régulièrement les journaux annoncent que des désespérés, des amants malheureux se sont jetés d'en haut et fracassés contre sa cuirasse avant d'atteindre le sol. Son phare porte la lumière dans le lointain et sa station émettrice recueille les événements du monde. Avec ses laboratoires d'astronomie, de physique, de météorologie, avec ses projecteurs et ses appareils de mesure, elle est au service de la science ; pour les enfants elle est le plus extraordinaire des jeux de meccano. Et à nos yeux aussi elle est un jouet géant, lorsque, dans les faubourgs, à travers une échappée, nous sommes saisis en chemin par la vision de cette pile de pont sans pont, de cet hybride d'une pyramide et d'une épingle.

La *mi-carême**...

... n'est plus ce qu'elle était. Peu de *déguise-
ments** dans la rue, la plupart du temps l'apanage
des enfants et des étudiants. Il y a tout de même
le vieillard à barbe blanche, vêtu d'une jupe misé-
rable, un voile sur ses joues peintes en rouge, qui
va clopin-clopant sur le boulevard Saint-Michel,
traînant la jambe. Et le *cortège** attendu par une
haie humaine, sur les avenues et les boulevards.
Aux fenêtres, des femmes de chambre des hôtels,
des clients des boutiques. Des enfants perchés sur
d'étroits balcons, tout contre les barreaux. Puis la
chaussée se vide de ses bus et de ses automobiles.
Défile une troupe d'étudiants de médecine, en
blouses blanches peinturlurées, avec leurs amies,
faisant paisiblement du tapage, criant « *Descendez,
les belles !** » Ensuite, un minuscule policier avec
un bâton blanc ; une douce jeune fille comme chez
Henry Murger[25] il n'y a pas loin de cent ans ; un
petit garçon de café. Voici les chars-réclames des

91

grandes firmes. Une marque de chocolat. Des produits d'alimentation qui se font appeler *La deuxième maman**[26]. Les dames de la TSF. Puis la garde municipale à cheval, avec des casques à crinière noire. À nouveau des chars-réclames. À nouveau la garde, casques à crinière rouge cette fois-ci, et jouant de la trompette. Des tambours, dont certains sont très jeunes, habillés de bleu, de blanc ou d'autres couleurs encore, ouvrent le défilé des *quartiers** ou des *arrondissements**. *Commune libre de Montmartre**, *Commune libre de Saint-Ouen**. Les reines et leurs demoiselles lancent des baisers à la volée, de leurs mains gantées ; les autres, de leurs mains rouges de faubouriennes. Passe une caravane qui fait de la réclame pour le *Jardin des Plantes**. Une jeune fille juchée sur un chameau qui bave. Des carrioles portant des cages (des singes et un gentil chien couché par terre). Un petit chariot tiré par un poney, un autre par deux lamas qui ont la plus gracieuse démarche du cortège. Et finalement, précédant et suivant le grand panneau en carton sur lequel il est écrit *Reine des Reines**, encore une fois la garde municipale, après quoi il ne reste plus que la foule qui se presse.

Architectures éphémères

Outre les nations étrangères qui reçoivent ici l'hospitalité, un peuple de joyeux compères plus grands que nature s'est installé dans Paris, trouvant refuge tantôt sur les murs vacants, tantôt en hauteur, sur les toits, entre les conduits de cheminée. Mais il colonise avec une prédilection particulière les constructions provisoires, les échafaudages et les palissades de chantier ; les édifices auxiliaires de l'humanité sont le séjour de son existence fantasmagorique. Nous ne cessons de les voir, l'immense bébé qui rit en faisant de la réclame pour son savon, le sévère docteur qui nous tend sa lumineuse pâte dentifrice, le héraut du caoutchouc dans son armure de pneus, le jeune homme nu qui sort de la mer pour recommander son journal, et son alter ego, la demoiselle au bonnet phrygien qui s'avance pour promouvoir le sien, dans un manteau rouge flottant au gré du vent. Un tailleur manie des ciseaux géants pour mieux nous habiller, un tonnelier nous brandit des bouteilles de vin, un ours nous annonce du cirque et un coq, de la politique ; des dames gigantesques nous attirent au théâtre où nous les reverrons en chair et en os – en petit format. Ils nous hèlent, nous font signe, viennent à nous ; et c'est comme si les bâtiments où vivent ces créatures se précipitaient sur nous, de tout le poids de leurs façades, avec leurs arêtes saillantes, au lieu de nous tourner le dos comme les vieux palais, les académies et les églises.

Il y a eu récemment dans les journaux un vif débat et une enquête : ces réclames ne défiguraient-elles pas l'image de la ville ? Alors les plus authentiques amis du beau se sont prononcés en leur faveur ; ils ont reconnu que ces Lestrygons[27] vivaient en bonne harmonie avec les autres habitants de Paris, qu'ils n'étaient pas du tout cannibales, mais bienveillants.

Paris a pour principe de vie de ne laisser aucun vide, et la réclame s'est mise au service de ce principe, consciemment ou inconsciemment – peu importe. Elle chante le chant de la ville. La baraque en bois porte des taches de couleurs éclatantes (dans cette atmosphère humide où le moindre lambeau de tissu rayonne), le mur devient une voix, un *cri de Paris**. La réclame a sa place au sein des architectures éphémères, des travaux de démolition et de construction qui font vivement ressentir le passage du temps. Les ruines de l'ancien et les chantiers du nouveau restent accueillants, au moins pour les yeux auxquels aucune entrée n'est interdite, auxquels on donne toujours quelque chose à voir. Quel panorama inouï le percement du boulevard Haussmann n'a-t-il pas réservé aux Parisiens ! On aurait dit les carrières des pharaons, où les leviers et les grues métalliques du temps présent auraient soudain puisé. Tous les jours il y avait un nouveau champ de bataille de pierres, une nouvelle nature morte monumentale. Les passants, ces spectateurs de Paris – et comme l'a dit Victor Hugo, beaucoup se plaisent dans cette ville à être spectateurs des spectateurs – s'arrêtaient devant ces scènes ; ils ne se disaient pas : « Si seulement cela se terminait, si seulement on pouvait en finir avec le provisoire. » Non, chaque instant était beau ; il y avait dans ce chaos un ordre pictural ; du haut des palissades et des toits, les géants des réclames dardaient sur ce monde en devenir un regard protecteur.

Un géant plus ancien, fait d'un matériau plus durable, et qui menait auparavant une existence de marginal un peu étrange, est devenu un ami de la réclame et a en même temps renouvelé ses liens d'amitié avec Paris. C'est la vieille tour Eiffel. Elle revêt tous les soirs des ornements et des lettres gigantesques qui scintillent et changent de minute en minute. Maintenant elle nous parle, s'adresse à nous, nous fait signe de la visiter.

Minuscules sous ses cuisses métalliques écartées, nous nous engouffrons dans ses entrailles d'acier ; à chaque instant de la montée, à chaque mouvement de tête, nos regards croisent les architectures éphémères qu'elle ne cesse d'édifier.

Le bal des concierges

Oui, cela existe : *le bal des concierges** . Il a lieu le dernier samedi avant la Toussaint, dans la grande salle de la Société d'Horticulture. Chez nous, en Allemagne, où les concierges sortent autant que tout le monde, on a peine à concevoir ce que cela signifie, un bal des concierges. Mais un concierge de Paris, lorsqu'il dort, garde la main sur le cordon de la porte ; et le jour, il tient dans cette même main la destinée des locataires, avec le courrier. Alors, quand il arrive que ce cerbère veillant au seuil de la maison – ce « Pipelet[28] » – quitte son antre, c'est un événement. D'ailleurs nombre de ces gardiens et gardiennes sourcilleux se sont refusé à quitter leur poste, préférant envoyer leur fille au bal. Les filles des concierges de Paris sont de ravissantes créatures, pâles enfants de la grande ville à l'imagination aventurière. Elles aiment à la folie la musique et la danse. Elles étaient la principale attraction du bal et drainaient

toute l'attention des arrivants – la détournant des
attractions officielles, qui consistaient en une
parodie de défilé de parlementaires, les élucubra-
tions d'un comique, et une tombola. Elles dansaient en exploitant avaricieusement les minutes,
car la plupart devaient être à la maison à minuit ;
elles dansaient de vieilles danses, valses et polkas.
Javas à la rigueur. Très peu de tangos et aucun
charleston. Elles ne pouvaient hélas s'y aban-
donner tout entières. Les mères étaient là, assises
le long du mur ; elles bavardaient en sortant de
temps à autre de leur sac à main des bonbons à
la menthe poivrée, des chocolats, des oranges.
Bienveillantes, mais vigilantes, ces sentinelles
expérimentées gardaient l'œil sur leur progéniture
en péril. Parmi les danseurs il y avait une cohorte
d'*habitués*** du bal Tabarin et du Colisée. Avec eux
il fallait être sur ses gardes. Le bal des concierges,
quel beau début ce serait pour un roman senti-
mental ! Près du buffet, un concierge assez ivre,
ayant pour déguisement deux énormes oreilles
d'âne sur la tête, nous entretint de ses expériences
qu'il concluait invariablement par la même
maxime : le métier serait moins épouvantable s'il
n'y avait pas les locataires ! Mais nous ne l'écou-
tions qu'à moitié. Notre attention était tout acca-
parée par les jeunes créatures possédées qui
dansaient une vieille valse.

Bagatelle

Quand c'était encore la saison des roses, des centaines de visiteurs venaient chaque jour admirer la pleine floraison des parterres, des haies, des charmilles, dans ce jardin situé au milieu du bois de Boulogne. Le long des vastes pelouses, les allées de gravier et les sentiers tortueux sont maintenant désertés. Un jour de semaine, à l'heure du déjeuner, on a parfois le bonheur d'être absolument seul, seul avec les arbres, les buissons et les vieilles pierres, seul avec les frais jets d'eau et les taches de soleil.

Ce jardin est un fort agréable refuge. Entre les lacs et la *grille d'honneur** de la grande entrée, on suit des chemins presque toujours ombragés. Il y a des sucres d'orge pour les enfants et des cartes postales pour les adultes ; les cyclistes peuvent laisser leur vélo dans le pavillon d'entrée. Depuis un quart de siècle le parc et le château appartiennent à la ville de Paris. Elle s'en est portée acquéreur auprès des descendants de Lord Hertford, lequel les avait achetés à Louis-Philippe dans les années 1830. Jusqu'à cette époque, Bagatelle avait été la plupart du temps une possession royale ; les haies et les murs avaient caché aux yeux du peuple les fêtes des *Folies d'Artois**. Le jardin était appelé ainsi depuis que le comte d'Artois, le futur roi Charles X, était devenu le propriétaire du pavillon de chasse qui remontait au temps du « bon roi Henri ». Cet achat donna lieu à un pari singulier entre le comte et la reine Marie-Antoinette. Il soutint qu'en seulement deux mois il transformerait cette vieille résidence en un château pimpant. Il dépensa beaucoup d'argent, fit travailler huit cents ouvriers, et gagna son pari : le jour dit, à la place du petit *rendez-vous de chasse**, se dressait l'élégant édifice que nous voyons encore aujourd'hui.

Parva sed apta est la devise gravée en haut de la façade : « petit mais confortable ». Une bagatelle – cela se prête à des déductions sur la vie qu'on pouvait y mener. Cet enclos des félicités était alors loin de la ville et des faubourgs. Il y avait des bois et des champs en friche, là où s'étendent aujourd'hui les terrains d'entraînement de l'hippodrome de Longchamp – par-delà lesquels on voit, de la terrasse du château, les rives de la Seine et les hauteurs de Puteaux et de Suresnes.

Deux sphinx sont allongés devant chaque entrée du château. Côté cour, ce sont les créatures sérieuses que l'on connaît bien, avec leur perruque pseudo-égyptienne, mi-tiare mi-*coiffure**. Et les angelots noirs, porteurs de guirlandes, sont dignement juchés sur leurs blancs corps de lions. Mais côté jardin, les deux sphinx sont de coquettes jeunes femmes avec des cheveux rococo. Leurs seins gracieux sont soutenus par des sortes de corsets de pierre et leurs pattes de lion ressemblent à des gants enfilés le long de jolis bras féminins et que l'on pourrait ôter. Les angelots qui les chevauchent sont aussi blancs qu'elles ; ils ont dans les mains une flèche d'amour et de petites fleurs[29].

À l'intérieur du château, des peintures de Fragonard, Greuze et Lawrence ornaient les plafonds et les murs ; des statues allégoriques du silence, de la folie et du charme entouraient un Hercule calmement appuyé sur son gourdin. Les *communs** étaient sous le rez-de-chaussée et les serviteurs avaient pour instruction de ne monter que si on les appelait. Maintenant cet espace est vide. Mais si, dans la torpeur de midi, nous regardons les pelouses, l'étang et les grottes du haut des marches du péristyle, nous n'avons aucun mal à imaginer de fausses bergères jouant, s'allongeant, retroussant haut leur jupe pour tendre vers l'eau fraîche un petit pied blanc, là-bas par exemple, près des nymphéas. Nous avons envie d'aller voir de plus près ; un aimable panneau nous autorise à marcher sur l'herbe. Blanches, roses, rouges, les fleurs de nénuphars se dressent au-dessus des feuilles arrondies qui baignent dans l'eau. Peut-on raconter l'histoire comme un conte ? Au moment où la Révolution voulait les chasser de leur paradis de verdure et de marbre, peut-être que les belles des derniers jours de la « douceur de vivre[30] » se sont aussitôt changées en fleurs, dans ces arbustes, ces parterres, ces étangs. Sous cette apparence botanique, elles sont restées à la disposition du peuple libre qui s'est rendu maître du jardin et du monde ; il a le droit, à la belle saison, de marcher sur la pelouse pour s'approcher d'elles.

Après la Révolution, Bagatelle connut encore de nombreuses fêtes et fut périodiquement une possession princière. Joséphine de Beauharnais prit part ici aux orgies champêtres du Directoire. Napoléon acheta le château et le jardin ; puis c'est le duc de Berry qui fut le propriétaire de Bagatelle, et le comte de Chambord, futur prétendant au trône, joua enfant sur les pelouses. Mais la grande époque des *Folies d'Artois** était déjà bien loin quand d'Artois s'en alla en exil. Aujourd'hui règnent les souvenirs et la botanique. Devant des arbrisseaux et des buissons minuscules, des pancartes parlent de Californie et d'Himalaya. La plupart ont de sévères noms latins. Certaines dénominations ressemblent à celles que choisissent de grands tailleurs pour leur créations de mode : *Avalanche, Espérance, Vestale**.

Nous nous reposons sur l'un des bancs de pierre dont les pieds ont la forme d'une lyre. Nous regardons le rocher artificiel avec ses sarments de lierre, ses entrelacs de racines, et au-dessous l'entrée de la grotte. C'était certainement un lieu *galant** autrefois. Un jardinier a garé là sa brouette, dans la pénombre ; il a posé un râteau contre la paroi voûtée. Derrière nous, là où le mur laisse place à une grille encadrée par deux vasques, un morceau de nature sauvage s'est conservé au milieu de ce Bois de Boulogne si moderne, si soigné – comme un souvenir du temps où ce mur séparait deux mondes.

Promenade avec un louveteau

Un jour, l'un de ces nombreux jours fériés dont le calendrier catholique fait don aux enfants des écoles, je fis une promenade le long des boulevards avec un garçon de douze ans, allemand mais qui va au lycée à Paris[31]. Il fut soudain salué par un jeune vitrier qui portait sur son dos une caisse entourée de sangles, contenant des glaces de miroirs. Ils s'arrêtèrent, le temps d'un bref échange dont je m'éloignai par discrétion. – Un ami ? – Oui, mais je ne le connais pas du tout. – Comment cela ? – C'est un *éclaireur**.

Et je me fis raconter de quoi il s'agissait.

Il y a dans la grande ville une armée secrète. Ses soldats ne vivent pas dans des casernes, ils ont pris leurs quartiers chez l'habitant – chez leurs parents ou à l'internat. Ce sont les *éclaireurs**, les scouts. Une armée amicale. Ils ne portent pas d'armes, mais de jolis uniformes – et encore, seulement pour leurs rassemblements et leurs excursions. Le reste du temps, ce sont des écoliers, des écoliers de Paris comme les autres, avec leur béret et leur cartable sous le bras. Ils se répartissent en trois grandes fédérations, et toutes les classes sociales sont représentées dans chacune ; les *Éclaireurs de France** sont neutres en ce qui concerne la religion, les *Scouts** sont catholiques, et les *Éclaireurs unionistes**, fondés par des protestants, accueillent tous ceux qui « veulent servir Dieu ». Ils ne se distinguent pas par l'habillement, seulement par les insignes et les devises. Tous portent un chapeau de feutre aux larges bords, une chemise kaki et une culotte bleue. Un foulard est enroulé autour du cou ; dans le dos il tombe en triangle, devant il est noué ou maintenu par une bague de foulard tressée. Mon jeune ami m'explique que l'on reconnaît aux couleurs du foulard à quel quartier ou à quelle unité spéciale appartient le petit guerrier. Il y en a des rouges, des bleus, des vert et bleu, des rouges à bordure blanche, des bleus à bordure orange, etc. Sur le chapeau et la chemise, ils portent des insignes disant qu'ils ont prêté le serment scout. On peut voir un coq avec la légende « toujours prêt » ; ou bien un arc et une flèche avec pour devise : « tout droit ».

« Sur mon honneur, je ferai de mon mieux pour servir Dieu, ma patrie et la loi des scouts, et pour aider mon prochain à tout instant. » Tel est leur serment chevaleresque, et dans leur loi il est écrit : « Un scout est loyal, frère des autres scouts, ami de tous les hommes, bon avec les animaux, respectueux de sa parole, vaillant, ingénieux, résolu, discipliné. »

« Était-ce solennel, quand tu as prêté serment ?

– Je ne suis qu'un petit, un *louveteau** ; nous n'avons pas encore de responsabilités. Le louveteau ne s'écoute pas, le louveteau écoute le vieux loup : c'est notre refrain. »

Mais le louveteau se met en chemin avec les autres. Le chemin commence en général par un trajet en tramway ou en train qui prélude à une promenade en forêt, à Meudon, Marly ou Saint-Germain. Ils y vont divisés en patrouilles, et l'itinéraire change à chaque fois. Il s'agit de suivre une piste dont les traces sont difficiles à repérer. En cours de route on apprend à s'orienter grâce au soleil ; on se livre à la botanique avec les feuilles des arbres, en levant la tête au printemps et en se baissant à l'automne ; on s'exerce à grimper le long de troncs dénudés, sans tomber. Des jeux de toutes sortes – ballon, énigme, course-poursuite – ont lieu dans les groupes et les détachements. On s'initie à l'art de la manœuvre – comment faire une jonction, par exemple. Pour pouvoir communiquer par signes, tout le monde doit maîtriser le morse ; et pour aiguiser la mémoire, au début de l'excursion on vous confie la mission de retenir jusqu'au soir une phrase longue et compliquée. Les repas pris au grand air sont joyeux. La camaraderie règne ; chacun partage les provisions qu'il a apportées dans son sac à dos.

« Et vous vous mettez souvent en chemin ?

— À Paris, il y a cinq jours dans la semaine où l'on a école aussi l'après-midi et l'on ne peut pas faire autant de sport que dans les autres pays, mais à part le dimanche on a tout le jeudi de libre, et ça c'est bien quand on n'a pas envie d'être un V. P. – V. P. ?

— *Visage pâle**, tu sais bien ! Ou alors tu n'as pas encore lu les *Histoires de Bas-de-Cuir* de Fenimore Cooper ? Lors des grandes célébrations nous nous retrouvons tous, *éclaireurs** et *louveteaux**, par exemple après-demain pour l'armistice où nous allons passer sous l'Arc de triomphe avant les militaires et saluer la tombe du soldat inconnu. Alors chacun a une pensée pour sa patrie et pour tous les scouts des autres pays, qui ont les mêmes lois et les mêmes idées que nous. Nous, les petits, quand nous faisons le salut nous levons la main en écartant l'index et le majeur, ce qui représente les deux oreilles du loup, et les grands utilisent les trois doigts du milieu qu'ils doivent tenir ensemble comme les trois points du serment, tandis qu'ils replient le pouce sur le petit doigt. Ce signe veut dire : le fort protège le faible. Il y aura un énorme défilé, tout le département de la Seine sera là. Et seulement vingt de mon école.

— Comment être-vous habillés, vous les *louveteaux** ? – Nous avons un béret bleu, une chemise bleu ciel, une culotte bleu marine. Si tu veux voir à quoi ressemblent nos affaires, viens avec moi à la boutique des scouts, ce n'est pas très loin d'ici, je dois m'acheter un nouveau foulard. Notre chef-taine veut que nous ayons fière allure à la fête. – Vous avez *une* capitaine ? – Oui, elle est très gen-tille, maman la trouve charmante, elle vient quel-quefois chez nous pour raconter ce qu'on fait et demander si les parents ont des souhaits particu-liers, si on a la permission de nager et de faire toutes les activités avec les autres quand on part en camping. Il n'y a pas longtemps elle s'est mariée et elle a invité toute la meute à la noce. Nous nous sommes formidablement amusés. – Il n'y avait que des enfants de ton école ? – Non, aussi des écoles communales, et de partout. Notre camaraderie est liée au quartier, parce qu'il faut bien qu'on puisse se retrouver pour partir en expé-dition. L'hiver, la cheftaine travaille avec nous à notre baraquement, aux portes de la ville. Nous avons construit nous-mêmes les tables et les chaises et collé le papier peint. Il y en a beaucoup qui savent déjà très bien s'y prendre parce que leur papa est ébéniste ou travaille dans un garage. »

Entre-temps nous voici arrivés dans la cour d'une bâtisse de la rue Saint-Lazare, où une enseigne indique : *Aux Éclaireurs**. Sur de hauts rayonnages on voit des empilements de kaki et de bleu marine, et toutes les couleurs des foulards.

La clientèle ne se compose que de jeunes gens. L'un d'entre eux essaie un de ces fameux chapeaux à larges bords, qui lui donne une allure un peu Far West ; d'autres bavardent avec les vendeurs, qui sont eux-mêmes des *éclaireurs** ou sinon l'ont été. Mon petit camarade me montre sur une planche des étoiles et des insignes. – Ce dessin stylisé d'une ruche, c'est le brevet pour les apiculteurs ; les architectes ont une colonnade qui ressemble à la Madeleine, les tireurs une cible, les tailleurs des ciseaux, les pionniers une hache. Nous nous attardons devant des couteaux suisses, des compas, des stylos ; nous feuilletons des brochures. C'est une boutique où l'on prend un grand plaisir à renouveler son équipement – pour faire ses premiers pas sur le chemin de la vie.

Le fond de culotte

Le fond de culotte de notre garçon de onze ans était une nouvelle fois déchiré. Acheter une nouvelle culotte ? Nous regardions à la dépense et Paris aussi. Notre tailleur habituel était tout disposé à la rapiécer, mais il n'avait aucune pièce de tissu de la bonne couleur. Il dit que nous devrions trouver quelque chose chez Madame Maintenant, avenue du Maine. Les autres n'avaient pas le temps d'y aller. Mon métier me laissait souvent dans l'oisiveté, hélas, et c'est moi que l'on envoya dans la longue avenue du Maine. Je flânai le long des merceries, des quincailleries, des boutiques de meubles et des marchands de fruits et légumes ; je traversai une sorte de foire permanente où les tailleurs et les cordonniers étaient légion. Des commis qui piquaient des épingles sur des revers de veste, comme des officiers accrochant leurs insignes, me regardaient sévèrement tandis que je passais avec ma culotte sous le bras. Le numéro de Madame Maintenant était encore assez loin. À la vieille marchande qui criait d'une voix d'enfant « *Paris-Midi !* », j'achetai ce journal dont le papier ne sentait pas très bon et je lus en marchant. Pas les articles, seulement les brèves. (Cela se lit plus vite et donne plus à penser.) Il y avait deux petites histoires qui se passaient en Amérique. Dans l'une, il était question d'un quartier de Chicago où les automobiles abandonnées s'étaient entassées en si grand nombre que des travaux devenaient nécessaires pour faire de la place ; dans l'autre, d'une masse considérable de blé qui avait été, une fois de plus, perdue dans l'océan Pacifique. Cela me donna envie de pain ; j'entrai dans le premier estaminet ; appuyé au comptoir, je trempai un croissant croustillant dans du café au lait. Au coin de la rue de la Gaîté, j'eus un instant la tentation d'aller voir à quoi ressemblaient le matin ces lieux de réjouissances nocturnes. Mais je résistai, repris le fil de ma mission et trouvai juste devant le viaduc du chemin de fer la petite boutique de Madame Maintenant. Je pensai : « *Frau Jetzt, Mrs. Now, Signora Ora.* » Je fus reçu par Monsieur Maintenant. Très aimablement, il tira une douzaine de ballots de tissu à rapiécer ; pendant qu'il les feuilletait, absorbé comme un bibliophile, Frau Jetzt était apparue ; c'était une matrone plantureuse et douce, et je me dis en la voyant que la bonne traduction était Frau Gegenwart[32]. Elle regarda son mari qui s'agitait avec intérêt et tendresse ; puis elle prit les morceaux de tissus dont il détachait les épingles ; elle les considérait de plus près en les confrontant à la culotte abîmée. Une pièce était trop *mauve**, une autre trop marron, la troisième d'une texture trop différente. L'éventail du choix était assez étroit, mais nous tombâmes finalement sur un bout de tissu dont la couleur et le dessin étaient très approchants. Malheureusement il était trop petit pour couvrir l'étendue de la déchirure. Alors, avec le plein accord de sa femme, Monsieur Maintenant descendit à la cave avec le tissu choisi pour voir s'il n'y aurait pas dans les réserves quelque chose d'utilisable. Il en doutait, mais ne voulait négliger aucune piste. Après un certain temps − pendant lequel j'avais parlé enfants avec Frau Gegenwart et l'avais entendue énoncer, une fois de plus, le grand principe cher aux Parisiens : « *il faut amuser les enfants** » − Monsieur revint avec quelques pièces plus grandes, mais en secouant la tête. J'avais mauvaise conscience et j'en indiquai une en disant qu'à la rigueur celle-ci pourrait convenir. Monsieur et Madame Gegenwart n'étaient pas d'accord. Je m'excusai de les avoir retenus si longtemps pour de telles vétilles. « Je vous en prie, nous vous aurions bien volontiers aidé. » Frau Gegenwart réfléchit et dit que je trouverais peut-être rue Vieille-du-Temple quelque chose qui ferait l'affaire, ou sinon derrière Montmartre, dans une des rues qui descendent vers Saint-Ouen, ou bien encore… Et elle me fit de jolies et précises descriptions de plein de boutiques qui étaient pour elle des concurrents.

Malheureusement je devais quitter Paris le lendemain ; quitter ma fructueuse oisiveté pour me jeter dans une activité stérile ; quitter les petits bourgeois du département de la Seine, qui ne jettent rien, qui économisent, qui épargnent et qui gardent dans un coin tous les vieux bouts de tissu à rapiécer de la vieille Europe. Je ne sais dire s'ils ont raison ; mais je serais heureux d'apprendre que Monsieur et Madame Maintenant ont fait de bonnes affaires et ont gagné assez d'argent pour s'installer dans une petite maison de l'Île-de-France, avec un jardin, leur propre jardin, où il y a des choux qu'ils peuvent donner à manger à leurs lapins.

Arabie

Aux terrasses des cafés, non seulement sur les grands boulevards autour de Montmartre et de Montparnasse, mais aussi dans des quartiers plus pauvres, plus discrets, on voit régulièrement apparaître des personnages coiffés d'un fez, chargés de douzaines de tapis et de lourds fardeaux de colliers de perles qu'ils portent autour du cou et des poignets. Ils marchent lentement, dignement ; ils stationnent avec un flegme imperturbable. Ils vont le plus souvent par deux ; l'un s'occupe des tables de droite, l'autre des tables de gauche. On pourrait supposer que cette concurrence directe trouble leurs affaires et leurs relations cordiales. Mais il suffit de voir ces frères à la peau brune se retrouver un peu plus loin et d'observer leur conversation confidentielle, animée de gestes vifs, pour pressentir quelque chose comme une communauté, une organisation secrète aux ramifications étendues.

Lorsque, dans un café, l'un des clients s'intéresse à leur marchandise, ils étalent devant lui tout ce qu'ils ont, avec des gestes exercés et patients ; ils écoutent toutes les critiques sans se troubler ; ils disent en souriant, dans un français un peu hésitant, les prix de leur magasin ambulant. Autant eux sont authentiques, autant leur marchandise ne l'est pas. Draps de soie, faux rideaux de harem pour salons petits-bourgeois, tissus criards, rouges, verts, oranges qui servent de tentures ou de descentes de lit dans les habitations à bon marché, il y a là tout le toc dont on puisse rêver. Année après année, nous les avons vus arriver, attendre, proposer leurs marchandises, mais, étonnamment, nous n'avons jamais remarqué que quelqu'un leur ait acheté quelque chose – ni les étrangers du Café de la Paix, ni les jeunes filles de Montmartre, ni les membres de la colonie américano-européenne à la terrasse du Dôme. Si, une seule fois se produisit sous nos yeux ce stupéfiant événement : un Français, qui avait assurément l'air d'un provincial, fit affaire avec l'un des porteurs de fez. Il était assis dans un petit café devant la gare. Tous ses bagages étaient entassés à côté de lui : la serviette démodée, la malle en bois entourée de cordages, le sac marron ; il s'apprêtait manifestement à rentrer dans son *département**. Il prit un gros collier de perles pour sa femme, un petit pour sa fille, et choisit, dans l'étalage de tissus de toutes les couleurs, une

somptueuse nappe à franges ; il paya sans mar-
chander, fit de la place pour les colliers dans la
serviette, jeta la nappe sur ses épaules comme un
plaid et s'en alla. L'Oriental était tout étonné.
Mais il était difficile d'imaginer que tous – et ils
étaient nombreux – pussent vivre de revenus aussi
rares. Nous étions curieux de savoir où ils dor-
maient, où ils habitaient, et surtout dans quel café
ils se retrouvaient. À Paris, chaque peuple a son
petit café de prédilection, souvent un peu à l'écart,
où les seuls Parisiens que l'on rencontre sont les
concierges du voisinage et le marchand de charbon
d'en face.

Dans le grand empire colonial français en
Afrique, ces Arabes ont des voisins qui vivent plus
au sud et prennent aussi part à une puissante
armée prétorienne : ce sont les Noirs, qui tiennent
leur bal dans une petite salle située près de l'Ins-
titut Pasteur, tous les samedis et les dimanches.
Là dansent les nounous noires des enfants de Paris,
ardemment blotties tout contre leur *beau**, qui est
le jour conducteur de métro, manutentionnaire,
chauffeur ou garçon de café. L'orchestre qui joue
ici est on ne peut plus authentique. Ce n'est pas
avec du jazz pour bars élégants et dégustations de
champagne que les musiciens accueillent ici leurs
amis. L'endroit est prisé des connaisseurs, artistes
et directeurs de théâtre, parisiens ou de passage ;
ils viennent en spectateurs, restant sur l'étroite
galerie de bois. Ce n'est pas encore devenu un lieu

116

de rendez-vous et de curiosité pour les mondains d'Europe et d'Amérique. Cela fait une différence – et un avantage – par rapport à la toute nouvelle mosquée, sur laquelle la presse parisienne et étrangère a publié beaucoup d'articles et d'illustrations. L'après-midi, derrière les murs blancs de cette mosquée, le grand et le moins grand monde de Paris vient s'étendre dans des salons cossus, aux lumières tamisées, pour boire du jus d'amande en dégustant des gâteaux gras. On a l'impression que les puissantes nations civilisées cherchent ici un zeste d'élégance nomade, une sorte de flirt mahométan. On fume le narguilé, on écoute une musique monotone, on boit du café turc ; et le soir, les serveurs qui vont et viennent en sautillant vous tendent un immense menu incompréhensible. On vous présente des plats exotiques, par exemple des rognons de mouton – d'un mouton qui a été abattu quelques mètres plus loin, sur les dalles en mosaïque. Si l'on s'intéresse particulièrement aux coutumes étrangères, on peut venir voir, tôt le matin, comment les animaux sont égorgés selon le rite islamique. Tout ici respire cette fausse authenticité un peu agaçante des cafés exotiques à la mode, qui sont en général plus rarement fréquentés par les ressortissants des nations lointaines que certains endroits reculés, décorés avec beaucoup moins de « couleur locale », où les Grecs, les Égyptiens, les Chinois se sentent chez eux comme les petits-bourgeois

117

parisiens dans leur bistro ou le restaurant du coin qui leur sert le *plat du jour**. C'est donc en vain que nous avons passé en revue la mosquée pour y retrouver des figures qui ressembleraient à nos marchands de tapis. Il y en avait peut-être un ou deux, tout au plus, parmi ceux qui patientaient à l'entrée du hammam – le bain turc – avec un petit paquet contenant vraisemblablement du savon et des serviettes. Autant dire qu'ils ne viennent pas jusqu'ici pour se sustenter, fumer, écouter de la musique, mais seulement pour prendre un bain. Non, vraiment, cela ne peut pas être le lieu de rendez-vous de nos commerçants. Pendant long-temps nous n'avons pas su où il se trouvait, jusqu'à ce qu'un jour, au Quartier Latin, un détour nous conduise par hasard à la bonne porte. Et là nous n'avons pas été accueillis – comme à la mosquée – par un cafetier au sourire servile qui fait des salamalecs de circonstance, se prosterne, se touche le front. Le patron était assis au milieu de ses hôtes et ne ressentait pas le besoin de proclamer son authenticité ; elle était évidente chez lui comme chez ceux qui l'entouraient. Ils chuchotaient et mesuraient leurs gestes comme les membres d'une société secrète. À d'autres tables, des hommes seuls étaient plongés dans la lecture de journaux en caractères arabes, qui à part cela ressemblaient beaucoup aux feuilles de province des Auvergnats et des Limousins et aux petits bulletins des quar-tiers de la ville. Beaucoup jouaient silencieusement aux dominos ou au jacquet, comme de vrais Parisiens. Cependant il y avait au mur une curieuse fresque. À côté de paysages exotiques et de panoramas urbains, on voyait l'entrée solennelle du sultan, dans un style coloré, naïf, qui rappelait le Douanier Rousseau. Nous prîmes notre courage à deux mains pour demander timidement au patron, tandis qu'il passait près de nous, qui était l'auteur de cette œuvre d'art. Il nous répondit que c'était un jeune artisan arrivé récemment de Tunis. Mais il ne resta pas un instant de plus à notre table ; il s'en retourna aussitôt. Nous ne pûmes rien lui demander d'autre ; nous ne l'intéressions pas. Nous étions entrés ici sans autorisation ni recommandation ; nous quittâmes bientôt ce lieu intime, heureux d'avoir finalement pourvu nos portefaix des *Mille et une nuits* d'un café où se réunir. Puissent-ils vendre beaucoup de tapis et prospérer assez pour s'offrir à loisir des tournées, ici où nous ne reviendrons plus les déranger. Mais je crois que les vrais Orientaux ne font jamais cela. Alors, puissent-ils fumer la pipe en paix, dans une pauvreté bénie.

Kaléidoscope parisien

La rue Lepic, sur la butte Montmartre, est très sombre le soir. À mi-hauteur il faut tourner dans la première rue à droite. On reconnaît d'ailleurs l'emplacement du *Studio 28* aux nombreuses automobiles qui stationnent devant. À l'entrée, il y a une exposition d'images et de livres du dernier moderne ; derrière, un bar sombre. La salle de théâtre est toute blanche, le plafond est revêtu de papier argenté. Le gramophone joue la symphonie inachevée de Schubert. Sur l'écran on passe un film de jeunesse de Harold Lloyd : dans un parc, des amoureux sont harcelés par des policiers ; alors on rêve d'amour à l'âge de pierre. On assomme son rival d'un coup de massue sur la tête et l'on kidnappe la jeune fille vêtue de peaux de bêtes. Massue ou matraque en caoutchouc, cela ne fait pas une grande différence, l'important c'est de ne pas toujours être celui qui reçoit les coups, mais quelquefois aussi celui qui les donne. Ce film suscite une fascination tapageuse dans le public, comme les productions Pathé d'autrefois. Celui qui suit, peut-être un peu plus ancien (Gaumont 1905), est d'un romantisme pastel. Un vieil astronome aime une étoile. Celle-ci est en fer-blanc doré ; elle est habitée par une jeune femme qui prend des poses de carte postale. La passion décuple l'inventivité du savant et il réussit à s'envoler dans une bulle de savon vers sa belle. Elle salue l'audacieux soupirant au milieu de ses semblables à taille de guêpe, qui dansent en chœur. Hélas, les dieux des autres étoiles le repoussent. Il traverse en tombant un aquarium tapissé de ciels artificiels. Il est intéressant de voir que l'avant-garde, qui cherche à nous libérer de l'ennui des grosses productions habituelles, et dont les représentations se font huer par les petits bourgeois, réunit dans ses programmations le plus ancien et le plus nouveau. *Un chien andalou*, la principale attraction de la soirée, est l'œuvre du jeune Espagnol Bunuel, dont on a beaucoup vu cet été au café du Dôme le corps athlétique et le visage étrangement modelé. Son film fait parler de lui partout, depuis qu'il a été montré à un public choisi au Studio des Ursulines, un des hauts lieux de l'avant-garde. La critique se divise violemment entre partisans et adversaires. Des motifs freudiens sont traités avec l'art – et la cruauté – surréaliste. Les cœurs sensibles s'évanouissent et leurs voisins crient bravo, quand le rêveur du balcon passe lentement sa lame de rasoir dans l'œil ouvert de la femme. Ce n'était pourtant qu'un nuage passant sur la pleine lune. Des insectes sortent d'une blessure au creux d'une main et s'agitent comme les gens faisant cercle, dans la rue, autour de la belle jeune femme qui remue du bout de sa canne, l'air indifférent, une main tranchée. Un homme efface sa bouche en se frottant les lèvres. Des mains convulsives tâtent le dos d'une femme qui devient une statue de pierre nue dans un jardin. Quelques intertitres : « Il était une fois… » – « Une heure plus tard… » – « Il y a dix ans… »

*

Man Ray aussi est surréaliste. Un surréaliste plus aimable, plus gracieux. Certains de ses films ont trouvé le chemin de l'Allemagne. Aujourd'hui nous voyons ses « rayographies », des sortes de photographies sans plaque, où la lumière trace des formes directement sur le papier ; il les expose dans la petite galerie « Les Quatre Chemins » qui est *par excellence** le cadre de tout ce qui s'avance sans fanfaronner. On a pu voir ici les dessins précis et les objets frivoles du poète Jean Cocteau ainsi qu'un large aperçu des premières œuvres de Marie Laurencin. Man Ray organise des compositions d'objets – cols cassés, bougies, noyaux, dés – qui vacillent dans la lumière. Avec des papiers et des

cubes, il crée des ravins ; d'un cornet de gramophone il fait un abîme. Mais il ne nous effraie pas,
il est délicat. Quand on lui rend visite dans son
atelier, on le trouve entouré de choses, de formes
familières – parties de machines, pressoirs à
citron, mains articulées en bois comme celles qui
prennent la pose dans les vitrines des gantiers.
Man Ray ne collectionne pas ces objets quotidiens,
il les découvre ; entre ses mains, ils abandonnent
leur utilité, ils deviennent un instrument de
musique, quelque chose de beau.

*

À Paris, la rue est elle-même un salon, et l'on
se rend à peine compte qu'on l'a quittée lorsqu'on
entre dans l'une des innombrables boutiques pour
regarder des images ou des livres d'images. La rue
de Seine en particulier, avec toutes ses petites
boutiques d'art, est un filet où le temps libre est
facilement pris au piège. Voyez, encore une nouvelle galerie au rez-de-chaussée d'une vieille
bâtisse étroite. Verre dépoli et parois de bois lisse :
le style 1929. De pures surfaces, aucune fioriture.
Une harmonie heureuse entre la vue et le toucher.
L'art de Jean Arp trahit le mélange de France et
d'Allemagne qu'il y a dans son être : il est alsacien.
On pourrait aussi dire – d'une manière très sim-
plificatrice – qu'il réunit Picasso et le Bauhaus.
Mais le résultat est une personnalité absolument

indépendante. Ses thèmes : chemise et cravate, « tête-moustache et bouteilles », cuiller, torse, lèvres, nombril. Son matériau : bois et couleurs vives. Les sculptures imagées forment une unité avec les surfaces et les cadres. Les pièces en bois de forme arrondie et les anneaux deviennent les signes d'un langage énigmatique. Devant la vitrine de l'exposition, une femme tient son enfant par la main. « À quoi ça ressemble ? » demande le petit. « Ça ressemble à… » (elle reste court) « Laisse-moi réfléchir… » Des hommes coiffés d'un béret rient fort et se tapent dans les côtes. *« C'est pour rigoler*. »* À l'étage situé juste au-dessus de cette vitrine lumineuse, il y a une fenêtre lugubrement éclairée. De chaque côté de la grille du balcon, pendent des jambes et des pieds de plâtre, gris, poussiéreux ; nous sommes devant l'atelier d'un orthopédiste.

*

C'est l'heure grise qui précède l'*apéritif**, quand les midinettes quittent leurs boutiques, allant par deux ou trois. Et c'est l'heure des chanteurs ambulants. Sur l'avenue déjà un peu faubourienne, le peuple fait cercle autour d'un air nouveau. Là sont les jeunes filles qui s'essaient à le fredonner, doucement, pour voir si ça leur plaît, et les garçons en *sweater* et casquette, le visage dur et blafard, qui mettent les lèvres en pointe comme pour siffloter. La chanteuse chante dans un haut-parleur : « *C'est ce soir ou jamais*.* » Des cils pieux se baissent en signe de recueillement. Quatre musiciens sont assis. Trompettes et accordéons. L'un des joueurs d'accordéon actionne un tambourin du pied droit, et du pied gauche un tambour de basque. Il fronce les sourcils. Les autres rient ou bien gardent un air hébété, une cigarette au coin de la bouche. Dans les premiers rangs il y a un Noir au visage bleuâtre, chlorotique, que je reverrai quelques heures plus tard au bal colonial du Rocher de Cancale. C'est un bel endroit. Je sais que ce nouveau bal nègre n'est pas aussi intime que celui de la rue Blomet, sur lequel tant de choses ont déjà été écrites. Ce n'est pas simple d'arriver là-bas, quai de Bercy, assez loin derrière la gare de Lyon. Les lumières – celles du plafond comme les nouvelles, au milieu – sont trop vives, et trop sombres quand l'atmosphère devient rouge, pour le tango. Et il n'y a pas la galerie de la rue Blomet qui sépare et qui hiérarchise. Mais là-bas les hommes de couleur sont gênés aux entournures par les importants de la race blanche. Ils concèdent avec courtoisie et douceur à inviter les femmes européennes quand ils y sont encouragés par des regards. Ici ils sont davantage entre eux. Le cavalier dont on voit la longue nuque couverte de cheveux crépus tient par trois doigts de la main droite sa partenaire étroitement serrée contre lui. Sa main gauche touche le pan de sa veste (c'est le chic, ici). Les jeunes femmes ont les yeux fermés ou renversés. Leurs regards animaux, flamboyants ou mourants, ne nous croisent que par moments au-dessus du tourbillonnement monotone des danses. Leurs habits parisiens commencent à s'iriser en contrastant avec la teinte de leur peau. Des couleurs rejetées hors de la mode renaissent quand elles sont portées par des Noirs. Le rouge corail et le vert pomme, le rose papier buvard et le mauve lilas passé trouvent une résonance inédite. Un turban est posé dans des cheveux comme un nid d'oiseau. Celle qui le porte est peut-être, le jour, une nurse promenant une poussette dans le jardin du Luxembourg ; à présent elle s'abandonne au sérieux du plaisir, roulant et balançant les hanches, déployant comme une tente autour de son partenaire sa large jupe de calicot. Un reste de frénésie religieuse entourant l'idole du sexe, un ancien culte survivent dans cette enfant transplantée au cœur de la ville. Son cavalier regarde au-dessus d'elle comme s'il guettait un orage. Pendant ce temps, résonnent le tintamarre, les trilles et les soupirs de *L'Orchestre martiniquais*. Ici, les musiciens noirs en frac jouent devant leurs frères et leurs sœurs avec plus de passion et d'amour que devant les Blancs élégants de Montmartre, qui payent mieux.

Le Dôme et le destin

Nous qui allions au café du Dôme il y a vingt ans, quand nous arrivons aujourd'hui devant la terrasse bondée, nous avons l'impression d'être comme le jeune homme du conte de Goethe qui ne retrouve plus le portillon du jardin où il a vécu tant de choses édifiantes. Parmi la foule inconnue je crois reconnaître telle ou telle tête, mais en regardant plus précisément je m'aperçois que ce sont seulement des gens qui ressemblent beaucoup à ceux que j'ai connus. J'entre : est-ce notre Dôme, ce tohu-bohu où tout scintille et résonne bruyamment ? Tandis que je regarde droit devant moi dans le fouillis des visages, des verres et des nuages de tabac, quelqu'un m'appelle par mon nom. C'est la voix tonitruante de Nina. Elle me fait signe de venir à sa table, au fond, dans la partie surélevée. Elle est entourée d'une bande de jeunes gens venus des Balkans et de pays anglo-saxons ; ils apprennent avec elle les bases d'une existence montparnassienne qui se respecte. Je reste à côté un moment, debout – il m'est impossible de m'asseoir avec ces étrangers –, je lui pose des questions, je réponds aux siennes. Je suis enchanté d'apprendre que nos petites amies d'alors ont presque toutes fait une belle carrière. Les unes sont mariées, les autres ont des liaisons sérieuses. Passe les voir, téléphone, me conseille Nina. M'y déciderai-je ?

Entre-temps une place s'est libérée en bas, dans un coin. Je me fraie un passage entre des épaules yougoslaves et scandinaves. En survolant les cafés-crème blonds et les apéritifs de toutes les couleurs, mon regard parvient jusqu'à la fenêtre donnant sur le boulevard. Là-bas était notre table. La table des peintres allemands.

Que le vide autour de nous était agréable, en ce temps-là ! Des miroirs crépusculaires. De vieilles banquettes de cuir. Sur une table, à côté de la bouteille siphon d'eau de Seltz, *de quoi écrire** : une enveloppe jaune, du papier à carreaux, un buvard, un petit encrier. Le jeune Pascin avait pour habitude de s'en emparer et d'y dessiner les figures les plus étonnantes, tandis qu'il prenait part à notre conversation en bougonnant, la tête appuyée sur sa main gauche. Si ce genre de toiles ne lui suffisait plus, il peignait *al fresco* sur la table, en utilisant des allumettes brûlées comme pinceaux et du marc de café comme couleur. Ils étaient tous là, les peintres qui sont aujourd'hui célèbres ; et ceux qui ne le sont pas devenus, ou qui ont fait des infidélités à l'art, n'étaient pas moins bizarres ni intéressants. Tous étaient d'assez mauvaise humeur. Il existait une mauvaise humeur dômière chez les jeunes peintres d'alors. Ici, dans la patrie de la nouvelle peinture, ils se rendaient compte qu'ils ne pouvaient plus faire des arts décoratifs comme à Munich ni des choses toutes simples comme à Berlin. Ils en devenaient très sévères, très critiques envers eux-mêmes, leurs confrères, l'existence en général. Mais ils étaient d'autant plus aimables avec nous, nous qui n'étions que les compagnons des peintres, nous les écrivains et autres flâneurs. Il n'y avait rien à critiquer venant de nous ; nous n'avions pas besoin de montrer nos travaux. Avec nous ils jouaient aux dominos et au poker. Ah, nos inoubliables parties de poker ! Les sommes étaient très minces, mais nous jouions avec des gestes grandiloquents pour quelques francs. Et c'était aussi captivant que les parties à mille francs des mondains. Ce qu'on appelle la *noce**, nous l'avons fait rarement. Les vrais *noceurs**, parmi nos connaissances, restaient sur les hauteurs de Montmartre. Et pourtant nous menions une vie remarquable. Rudolf Levy, poète à ses heures perdues, l'a immortalisée dans des poèmes épiques en français et en allemand. Il a chanté les hauts faits d'Artaval, mystique et éro-tomane, un homme plein de courage qui a quitté ce monde trop tôt, et ceux de Howard, le Saxon imposant qui avait des prétentions au trône d'Angleterre[33]. Il y eut aussi un fameux roman policier en feuilleton avec le meurtre de Bondy à élucider, une intrigue où les soupçons se portaient si nettement sur nos amis Vrieslander et Werth qu'ils émirent de vives protestations !

Nous aimions bien aussi les moments où de riches jeunes gens en provenance de la mère patrie nous rendaient visite pour être intronisés dans la grande vie, comme cet excellent garçon issu de l'aristocratie des brasseurs et des boulangers de Munich. Alors notre petit coin brillait de mille feux ; il y avait du champagne sur notre table ; les habitants des alentours, qui venaient en voisins prendre au bar leur apéritif habituel, contemplaient notre agitation en ouvrant de grands yeux ; et même les Américains qui jouaient au billard, en haut, derrière les plantes vertes, nous honoraient d'un regard. Je crois qu'en général on nous voulait du bien. André et Eugène, les garçons de café de l'époque classique du Dôme, nous faisaient crédit. Ils nous saluaient en allemand avec des *Gute Nagl* ou des *Auf Widelsehn*. Et même les gentilles jeunes filles – oh ! ce sont toutes de grandes dames à présent – s'intéressaient à nous, alors qu'elles avaient en vérité plus à attendre des Américains. C'était en grande partie à cause de nos manières un peu misogynes. Le fait qu'il y eût rarement des femmes à notre table augmentait notre prestige à leurs yeux.

Un seul être nous boudait, un être très singulier que nous appelions « le destin ». Ce n'est pas sans trembler que, de temps à autre, nos amis dessinaient prudemment cette petite vieille, vêtue d'une jupe démodée à glands et à franges, qui à une heure précise venait s'installer à une table précise. Malheur à l'inconscient qu'elle surprenait assis à cette place avant elle ! Alors elle jetait sous la table d'à côté le petit tabouret qu'elle traînait avec elle, se tournait vers le serveur en vociférant – « *c'est entendu depuis des années que c'est ma place !* » –* et lançait des regards empoisonnés jusqu'à ce qu'on ait libéré le terrain. Dès qu'elle avait repris ses droits sur cette possession immémoriale, elle déployait devant elle les immenses pages de *L'Éclair* et se plongeait dans sa lecture d'un air sévère. À côté de sa tasse elle posait toujours un sac en futaine noire ; nous faisions sur son contenu les hypothèses les plus fantasmagoriques – oh ! des hypothèses qu'il est impossible de répéter ! On apercevait sous la table ses minuscules pieds chaussés de noir. De temps à autre, ses yeux décochaient des flèches terribles dans notre direction. Elle nous a inspiré autant de craintes que de plaisanteries. Savait-elle déjà que la guerre était imminente ? Ou est-ce qu'elle était tout simplement incapable de supporter les hommes ? Car lorsque la jolie demoiselle du comptoir, un peu ronde, longeait incidemment sa table pour se rendre aux lavabos, un sourire angélique passait sur le visage ridé de la vieille.

On ne la voit plus au Dôme aujourd'hui. Sa place réservée a été engloutie sous la foule internationale. Même le bon vieux patron, qui rappelait le chevalier à la triste figure avec son visage émacié et sa barbe en pointe, s'en est allé je ne sais où. Son successeur a une allure plus joviale et fait assurément de bien meilleures affaires. Il règne dans le nouveau Dôme une gaieté taillée au cordeau, ronronnant comme un moteur, qui sied bien à la « Nouvelle Objectivité » de la nouvelle génération. Hélas, où est passé le monde crépusculaire du cuir et du verre, du tabac et de la jeunesse ? Où sont passées notre insolence et notre bonne vieille mauvaise humeur ?

Halte portuaire

Filippo est aux timbales. Une femme joue de l'accordéon, masquée jusqu'aux genoux par le soufflet de son instrument. Elle a un énorme nœud dans ses cheveux blond roux et un air virginal dans le genre anglais. À côté, celui qui tient la cornemuse a un sourire ténébreux de Méridional. *Tout va bien**, c'est le nom de l'établissement où ils trônent sur leur podium, au fond de la salle, dans la pénombre, comme des poupées de foire qu'on range ou sort à loisir. Ils jouent *Sous les ponts de Paris** pour de rares clients à qui l'on propose des boissons à prix modérés – les inscriptions sont en anglais et en français. Nous sommes assis dans la lumière du jour, à la terrasse, sur des chaises métalliques à rayures jaunes et rouges. Devant nous il y a le vieux bassin. Trois taxis à l'arrêt et les rails qui conduisent à la gare maritime nous séparent du rectangle net qu'il dessine.

Des bateaux à vapeur, nous ne voyons que les cheminées obliques, de couleur jaune ocre.

Nous avons du temps et il y aurait beaucoup de choses à voir à Dieppe. Dans la cathédrale, les ornements en forme d'algues ou de coquillages, à la croisée des ogives, devant les chapelles et le chœur ; les grandes figures colorées d'un tombeau ; un treillage où les motifs du gothique tardif se mêlent à ceux, plus délicats, de la Renaissance. Ou bien la route escarpée qui va vers Pourville, avec les *links* de golf[34] et leur houle verdoyante qui recoupe celle de la mer, et les joueurs, solitaires ou par groupes, qui s'en vont posément retrouver leurs balles. Ou bien la *grande rue**, avec son animation, l'entrecroisement des touristes et des gens du cru, la cohabitation entre les étalages de boucheries, rouges, graisseux, et la camelote des boutiques de souvenirs, le voisinage des chaussures de bain et des melons. Ou bien, dans la vieille ville, la place où se trouve le monument aux héros de la mer ; ou bien la plage, le phare, le casino, la falaise. Mais nous restons dans le secteur du port ; nous quittons le café-concert pour aller vers la halle aux poissons. À cette heure léthargique elle est déjà à moitié vide. Vers le fond, dans des corbeilles plates posées sur du marbre et du papier journal, il ne reste plus que des kippers – des harengs fumés, fendus en deux, dorés et luisants –, des empilements de glaçons, des natures mortes de soles grises, disposées en étoiles. Nous goûtons des crabes, brisant leur douce carapace pour en retirer la chair ; avec ce rafraîchissant goût de sel sur les lèvres, nous allons marcher au bord du quai, où nous enjambons des anneaux d'amarrage, noirs de rouille, profondément incrustés dans la pierre. On voit bouger les épais nœuds des cordages, verts d'algues, au-dessus de l'abîme entre le quai et les bastingages.

Sur la proue des deux *steamers* il est écrit en lettres d'or : *New Haven – Dieppe* et *Rouen – Le Havre*. Le grand nombre des canots de sauvetage sur le pont déserté provoque une sensation étrange. Une grue dépose des cageots, ce sont des légumes, peut-être pour l'Angleterre. Les manches à air blanches ouvrent des gueules rouge vif. Difficile de croire que dans quelques heures ces bateaux endormis connaîtront la hâte du départ. On dirait qu'ils sont là depuis très longtemps ; un peu plus loin, encore plus vieux, encore plus immobile, rouillé, bariolé, on aperçoit un monstre qui a été un bateau. Des silhouettes s'activent dessus et une fumée sort de sa cheminée, mais ce n'est qu'une fumée de cuisine. Derrière les embarcations immobiles, deux barges de dragage en métal glissent lentement, enfonçant leur pelle à travers les eaux visqueuses ; elles nous cachent un instant le rouge et le turquoise de deux coques qui raclent l'une contre l'autre. Avec ces taches de couleur s'éclipse quelque chose comme le souvenir de ce qui n'a pas été vécu. Nous quittons à regret ce chemin au bord de l'abîme, où un matelot noir flâne maintenant avec l'une de ses conquêtes. Elle a de petites dents et dit des choses raisonnables. Nous longeons comme des clandestins les guichets vides de la douane de mer. Dans quelques heures, on sortira les bagages du train Pullman, on les entassera, on les empilera, on les hissera sur une grue ; on enveloppera les automobiles dans des bâches.

Les maisons des rues autour du port nous séduisent. Quai Henri-IV, des édifices portent des dates qui laissent songeur : 1679, 1715. Ces chiffres sont écrits en noir entre de larges portes voûtées et des niches où sont placées des statues. Un satyre soulève au-dessus de lui quelque chose qui ressemble à une grappe de raisin ; on dirait un cygne sortant de la mer et prêt à s'égoutter sur lui[35].

Une fente s'ouvre entre les murs. Une étroite ruelle. Elle monte légèrement, puis redescend en pente plus douce, là-bas, vers l'infini, l'invisible, la mer.

Notes

1. *Dichten ist Übermut,* citation tirée du *Divan occidental-oriental.* Nous reprenons la traduction d'Henri Lichtenberger, « fol orgueil ».

2. Il y a ici un jeu de mots entre *Beweggrund* (motif, mobile) et *sich grundlos bewegen* (se mouvoir sans raison).

3. Cf. Baudelaire, dans *Le Salon de 1846* : « Avez-vous éprouvé, vous tous que la curiosité du flâneur a souvent fourrés dans une émeute, la même joie que moi à voir un gardien du sommeil public, – sergent de ville ou municipal, la véritable armée, – crosser un républicain ? » Et dans *Le Peintre de la vie moderne* (1863), l'étude consacrée à Constantin Guys : « La foule est son domaine, comme l'air est celui de l'oiseau, comme l'eau celui du poisson. Sa passion et sa profession, c'est d'*épouser la foule.* Pour le parfait flâneur, pour l'observateur passionné, c'est une immense jouissance que d'élire domicile dans le nombre, dans l'ondoyant, dans le mouvement, dans le fugitif et l'infini. »

4. Allusion aux bâtiments en arcades qui entourent la place Saint-Marc à Venise.

5. Philippe Guillaume Mathé-Curtz, dit Curtius (1737-1794), médecin et sculpteur sur cire, qui était en réalité d'origine suisse. Il avait installé un lieu d'exposition au Palais-Royal en 1776, puis un autre boulevard du Temple

en 1782. C'est du boulevard du Temple que part la « procession des bustes » de Necker et Égalité dont il est question plus bas. Curtius avait pour femme de ménage la mère de Marie Grosholtz, la future Madame Tussaud, à qui il apprit son art et légua sa collection d'œuvres en cire.

6. Attribué à Salvandy, homme de lettres et homme politique, qui fut plus tard ministre de l'Instruction publique, sous la monarchie de Juillet. La fête avait été donnée à la fin du printemps 1830, pour honorer le Roi de Naples en visite à Paris.

7. En réalité, c'est après les Trois Glorieuses (27, 28, 29 juillet) que Louis-Philippe rentre chez lui au Palais-Royal, le soir du 30 ; et c'est au balcon de l'Hôtel de Ville que le lendemain il donne l'accolade à Lafayette.

8. « Une petite lettre pour maman. » Cette chanson est un classique du répertoire yiddish au vingtième siècle. Elle a été écrite par Solomon Schmulewitz en 1907. L'orthographe que donne ici l'édition allemande n'est pas la plus reçue. On écrit le plus souvent *A Brivele der Mamen*. C'est une autre chanson traditionnelle (« Le rabbin nous a dit… », *Der Rabbi hat uns geheissen*) qui est citée dans la phrase suivante.

9. Hugues Aubriot, prévôt de Paris au quatorzième siècle, sous Charles V. La rue où se trouvait son hôtel s'appelle depuis le dix-neuvième siècle la rue du Prévôt, dans le 4e arrondissement. Elle est étroite et située tout près de l'Hôtel d'Aumont, qui est aujourd'hui le siège du Tribunal administratif de Paris. C'est certainement le passage dont parle Franz Hessel. Quant à la grande fontaine, il serait assez logique que ce soit la fontaine Charlemagne sur laquelle donne la rue des Jardins Saint-Paul. Cette rue n'était à l'époque pas dégagée comme elle l'est aujourd'hui, le long de l'enceinte de Philippe-Auguste ; il y avait là un îlot insalubre démoli en 1946.

10. Jusqu'en 1622, Paris n'est qu'un évêché dépendant

de l'archevêché de Sens. Tristan de Salazar est né en 1431 et mort en 1518.

11. Il s'agit plutôt de Vermont (ou Vermond). Quant au nom de l'amant de la reine, il est plus souvent écrit Dat de Saint-Julien.

12. Hessel fait manifestement allusion à ce passage du « Discours sur Marguerite de Valois », dans la *Vie des Dames illustres* de Brantôme : « Ses beaux accoustremens et belles parures n'oserent jamais entreprendre de couvrir sa belle gorge ny son beau sein, craignant de faire tort à la veue du monde qui se passoit sur un si bel object ; car jamais n'en fut veue une si belle ny si blanche, si pleine ny si charnue, qu'elle montroit si à plein et si descouverte, que la pluspart des courtisans en mouroient, voire des dames, que j'ay veues, aucunes de ses plus privées, avec sa licence la baiser par un grand ravissement. »

13. Noms d'enseignes de la rue Mouffetard au XVIIᵉ siècle, qu'on retrouve collectés dans l'*Histoire de Paris* de Charles Lefeuve (1875) que Franz Hessel a pu avoir sous la main.

14. Toujours visible au 122, rue Mouffetard, en 2013. De même que les bœufs et les agneaux mentionnés juste après (au nᵒ 6). Le « vieux chêne » dont il est question plus haut est au nᵒ 69, mais l'enseigne originelle a été remplacée par une reproduction il y a quelques années.

15. C'est-à-dire la nationale 17. Des scènes avec ces « tickets verts », dans les années 1920 (donc pas très longtemps avant que Hessel ne constate ici leur disparition), sont décrites avec précision par François Baschet dans ses *Mémoires sonores* (L'Harmattan, 2007). On vérifiait au retour si l'automobiliste ne rentrait pas à Paris avec plus de carburant qu'il n'en avait au départ, auquel cas il devait s'acquitter d'une taxe.

16. Hameau en Afrique.

17. *Le Roi Grenouille*, conte populaire allemand apparaissant dans le recueil des frères Grimm.

18. Félix Mayol (1872-1941), interprète de chansons comiques et légères qui a connu un très grand succès, en particulier entre la fin des années 1890 et la Première Guerre mondiale. Il portait un brin de muguet au revers de ses tenues de scène.

19. En 1867, la première ayant eu lieu en 1855.

20. Ernest Coquelin (1848-1909), sociétaire de la Comédie-Française, frère cadet de Benoît-Constant Coquelin (1841-1909), dit « Coquelin aîné », acteur de théâtre également, mais plus renommé (il créa le rôle de Cyrano en 1897).

21. Créature de la mythologie germanique, mi-serpent mi-dragon.

22. Il s'agit de l'hôtel d'Augny, 6 rue Drouot, siège de la mairie du 9ᵉ arrondissement. Plus bas, le Petit Casino était un café-concert situé 8-10 boulevard Montmartre.

23. Dans *Les Chats de Paris*. La suite de la citation modifie légèrement le texte original.

24. Allusion à Roland de Roncevaux, le chevalier franc, devenu un géant dans les légendes des régions pyrénéennes.

25. Auteur des *Scènes de la vie de bohême* (1847).

26. Il s'agit sans doute de « Blédine », marque de nourriture pour enfants dont on peut retrouver de vieilles affiches où il est écrit « La seconde maman ».

27. Les Lestrygons étaient, dans la mythologie grecque, des géants cannibales qui vivaient sur les hauteurs d'une falaise.

28. Vieux surnom des concierges, d'après un personnage des *Mystères de Paris* d'Eugène Sue.

29. Les angelots en bronze qui étaient sur le dos des sphinx côté cour ont disparu depuis l'époque de Franz Hessel.

30. Expression de Talleyrand pour caractériser l'époque qui précéda 1789.

31. Il s'agit de Stéphane Hessel, né en 1917 et naturalisé français en 1937. Il allait à l'École alsacienne – établissement privé, d'où l'allusion, plus bas, aux autres écoles, communales.

32. « Madame Présent ». En allemand, *jetzt* signifie « maintenant » et *Gegenwart* « présent » (ou « présence »).

33. Wilhelm Uhde dit des choses similaires dans ses mémoires (*De Bismarck à Picasso*) à propos d'Artaval, pseudonyme de Georg Oppenheim (1871-1928), et de Wil Howard (1879-1945). Wil Howard disait être un descendant lointain de Catherine Howard, la cinquième femme d'Henri VIII. Juste après, il s'agit certainement du peintre Walter Bondy (1880-1940) et peut-être du compositeur Otto Vrieslander.

34. Nom des parcours de golf se trouvant en bordure de mer, réputés plus difficiles à cause du vent ou du sable.

35. Allusion, sans doute, à la façade de l'Hôtel de Londres, quai Henri-IV à Dieppe, sur laquelle est écrit « 1715 » et où l'on voit une statue de Bacchus qui correspond à cette description.

Table

Mise en pages
PCA – 44400 Rezé

Achevé d'imprimer en avril 2013
par Novoprint (Barcelone)

Dépôt légal : avril 2013

Imprimé en Espagne